生活勵志
010

別扣錯第一顆鈕子

排行榜暢銷書作家
何權峰 著

高寶國際有限公司
高寶國際集團

生活勵志 010

別扣錯第一顆釦子

作　　者	何權峰
編　　輯	林慧雲
校　　對	林慧雲・王世彬・吳筱婷
出 版 者	英屬維京群島商高寶國際有限公司台灣分公司 Global Group Holdings, Ltd.
聯絡地址	台北市內湖區新明路174巷15號10樓
網　　址	www.sitak.com.tw
電　　話	(02) 27911197　27918621
電　　傳	出版部　(02) 27955824　行銷部　(02) 27955825
郵政劃撥	19394552
戶　　名	英屬維京群島商高寶國際有限公司台灣分公司
登 記 證	局版北市業字第1172號
出版日期	2002年11月第1版第1刷
發　　行	希代書版集團發行/Printed in Taiwan

香港總經銷	全力圖書有限公司
地　　址	香港新界葵涌打磚坪街58-76號和豐工業中心1樓8室
電　　話	(852) 2494-7282　傳真　(852) 2494-7609

國家圖書館出版品預行編目資料

別扣錯第一顆釦子／何權峰著.--
第一版.—臺北市：
高寶國際出版：希代發行，2002〔民91〕
面　：　公分.（生活勵志：10 ）

ISBN 986-7799-04-6（平裝）

1.修身

192.1　　91019798

扣錯第一顆釦子的人，
就扣不完所有的釦子。

——何振峰

CONTENT

Chapter 1

透視生活的原色

Chapter 2 轉換心境更自在

Chapter 3

為生命寫下精采的腳本

Chapter 4

打造全新的釦子

Chapter 1.

透視生活的原色

先摘下有色眼鏡，
才能發現事物的真實面貌。

一燕不能成春

貓頭鷹往往只看見月亮和星星，
而公雞只看到太陽；
人何嘗不是一樣？
總是以管窺天，以偏概全。

我們絕大多數的人都不認為自己主觀，但是卻只有少數人能分辨出自認為的「事實」，和實際的「真相」之間可能有差別。

因為我們都以自己感官所見、所聽，甚至所聞到、摸到的為準，亦即我們絕大多數人在無意中，都以自己的主觀感受或想法來評斷事情，認為「事情就是那樣，錯不了的！」卻很少靜心思量：「真的是這樣嗎？」

有個老師問學生：「如果你發現一間屋子裡有蜘蛛網，你會怎麼想呢？」

甲生：「這間房子太破舊了。」

乙生：「這家人一定不愛乾淨。」

丙生：「這家女主人很懶惰。」

丁生：「這間屋子裡有一隻蜘蛛。」

很顯然地，只有丁生的答案較客觀，不帶成見陳述事實。那為什麼其他人會有那麼多不同的「見解」？這都是受個人主觀所影響。

人是經驗的產物，我們對事物的看法，經常是被我們自己過去的經驗系統所限制或扭曲，所以許多被我們「認定」的事實，往往只是個人的偏見罷了，主觀愈強的人，偏見愈深，於是人與人之間的誤解、衝突與猜忌，於焉產生。

真相與「事實」為何不一樣？

有則故事說，一個清教徒和一個天主教徒走在路上，兩人剛好看到一位神父走進一家妓院。

那位清教徒露出一副不屑的表情，心想這下終於讓他抓到了天主教偽善的狐狸尾巴。但那位天主教徒看到了這個情景，臉上卻不禁流露出莊嚴肅穆的神情，他驕傲地認為當他們的一位教友臨終時，即使是妓院，神父也會義無反顧地前去祈禱。

真正的「真相」與被認為的「事實」，是不是相差甚遠呢？我們常帶著「有色」的眼光看別人，同樣的，不同的人常常也以不同的眼光來評判我們。

那不是太不公平了嗎？

曾經有一位養雞的農人，他拒絕和所有的教會和教徒打交道，因為他看到教會裡有一些人，口口聲聲仁義道德，實際上言行卻十分惡劣。

有一天，有一個傳道人到他的農場買雞，指著其中一隻又瘦又病又脫毛的雞說：「就這隻！」

「這隻？」農夫一臉困惑：「你為什麼想買這隻呢？牠是所有雞群裡最糟的一隻啊！」

傳道人告訴農夫，「我要把這隻雞養在家門前，若是有過路的人問起，就說這隻雞是從你那兒買來的，你飼養的雞就是這樣！」

「那不是太不公平了嗎？」農夫緊張地說道：「你看，我的雞哪一隻不是雄赳赳氣昂昂地，只有這一隻例外，你怎麼可以拿這隻雞來代表我所有的雞呢？」

傳道人說：「你不也就是這樣看教會和教友的嗎？只因為少數幾個人的作為就否定了所有的人。」

農夫聽了，面紅耳赤，一句話也說不出來。

許多人都有一個共同的毛病，就是常以偏概全，一竿子打翻整船的人。比方，只因吃一次虧或上一次當，便懷疑全天下的人都不是好東西；因為一次失戀，就認定所有的異性都是負心郎，都是蛇蠍。

只因某一天股票大跌，便斷定股票前途黯淡；因一次考試考壞了，便認為努力都是白費。同樣的情形，我們也常因某人的單一行為，便推論他是個什麼樣的人，因一個偶發事件，便斷定過去一直是這個樣子。

想一想，如果有個人到某個國家去旅行，結果那幾天正巧下雨，那人便根據這個經驗判斷說那是個多雨的國家，每天都下雨，這客觀嗎？

One swallow does not make spring, nor does one fine day.（一燕不能成春，一個好天亦不能成春。）

俄國作家克雷洛夫在《浪子和燕子》一書中即說：「一燕不能成春。」記得大文豪塞萬提斯在他的名作《唐吉訶德》也說過：「單有一隻飛燕，還算不了春天。」

這格言的意思，即在提醒大家不能因為看見一隻燕子，就認定冬盡春來。引申而言，我們也不能僅憑一件單一的證據，去證明任何事。

你說的到底是誰？

事實上，任何單一的觀點都是狹隘且不完整的。

一個在朋友眼中放任不羈的「性情中人」，在老闆面前可能是「一板一眼」的員工；在孩子面前「不苟言笑」的父親，在年輕女祕書的眼中可能是「幽默風趣」的上司；在父母眼前「四維八德」的孩子，在太太面前也可能是「冷酷無情」的火爆浪子。這些你知道嗎？

我們總是支離破碎地看事情。我們看朋友、同事、同學、先生、太太，和孩子都是片面的。如果父母親把我們的美德善良描述出來，我們的部屬可能打死都不會相信；如果讓我們的配偶或孩子來描述我們，那麼我們的朋友很可能會問：「你說的到底是誰？」

只摸到象鼻的盲人相信象是長管狀的，而摸到象肚子的盲人卻不同意他的看法，並堅持自己才是對的。

愛因斯坦曾引用過蘇東坡的「日喻」（沒有見過太陽的瞎子，聽人家說太陽的熱像蠟燭，後來他摸到蠟燭時，就猜想太陽也是長得細細長長的。）來比喻平常人對相對論的瞭解。

從片面的認知就去作結論，就好像憑著封面去判斷一本書的好壞，這不是太主觀了嗎？

摘下有色眼鏡

「貓頭鷹往往只看見月亮和星星，而公雞只看到太陽。人何嘗不是一樣？習慣以管窺天，以偏概全。」

當你知道我們都可能扣錯了第一個鈕子，每個觀點都可能只是拼圖的一小塊時，你還會繼續執著於固有的想法？你還會總是堅持自己的看法嗎？

你要做的是，時時提醒自己：「事實未必是真相」。把那些原有的「事情就是這樣」，改變成「這只是我的看法」。

既然說「這只是你的看法」，當你下一回想對任何人或事評斷，或是聽到別人評論某人、某事時，別忘了先問自己——

◆我（或他）是否對這個人或事早有成見？

◆我（或他）是否太執著於某個想法？

◆我（或他）的觀點是否太偏頗？夠客觀嗎？

畢竟，我們經常都看不到「整頭大象」，不是嗎？

連手錶都買不起的女婿

被狗吠的人，不一定是賊，
留著長鬍子，也不一定是藝術家。
人一旦有了偏見，
就會把「人」看「扁」了？

每星期五晚上，小吳都開車送太太到火車站搭車，去探望生病的媽媽。十分鐘後，小吳妹妹所乘的火車就到站。他接她回家幫忙他們料理家務。

每逢星期日整個程序正好相反。小吳妹妹的火車開出十分鐘後，他太太才到。

有一晚，他的妹妹剛走，小吳正等著接太太的車，一個站務員慢慢走過來。

他笑容詭異地說：「先生，你真有辦法。難道你不怕有一天會被她們逮到嗎？」

月暈效應

和別人相處時，我們都慣於戴上一副「先入為主」的眼睛，將別人放進一個「框框」裡，再用這個框框解釋此人的角色與行為：他是好人、他是壞人，他好像有外遇、她很愛佔小便宜……我們甚至把想法投射到對方身上，以致經常偏離事實的真相。也許你也聽過這則故事——

有兩個女人，坐在同一張桌子喝飲料。

其中一個，把雨傘靠在桌邊，另一個在喝完飲料時，迷迷糊糊的，順手拿起雨傘就走。

雨傘的主人大聲叫說：「喂！妳拿了我的雨傘。」

前面那個女人一臉尷尬，紅著臉向對方道歉，說是忘了自己沒帶雨傘，一時誤拿。

這件事，讓她想起需要買把雨傘，順便也買一把給孩子，於是她便去買了兩把。

回家的路上，她正巧又跟那位之前被她誤拿雨傘的女人坐在同一輛公車上。

那女人注視著那兩把雨傘，說：「我看妳今天的成績還不錯嘛！」

人們在判斷別人時常有一種傾向，就是把人概分為「好的」或「不好的」兩部分。當一個人留給人的印象是「好的」時，人們就會把他的言行舉止用「好的」角度去解釋，反之，如果一個人被歸於「不好的」的印象時，那麼，一切不好的看法都會加在他的身上。

這種現象稱之為「月暈效應」。意即當人們看到月亮的同時，周邊的光環也會被注意到；當一個人的「印象確立」之後，人們就會自動「印象概推」(Halo Effect)將第一印象的認知與對方的言行聯想在一起。

「成見」能有多荒謬？

有一名年輕猶太人和一名老猶太人坐在同一列火車上。年輕猶太人問老猶太人說：「先生，請問現在幾點了？」老猶太人卻默不作聲。

「對不起！先生，請問現在幾點了？」老猶太人還是不答。

「先生很抱歉打擾您了！但是我真的是想要知道現在是幾點鐘。你為什麼不回答我呢？」

老猶太人答道：「孩子，下一站就是最後一站了。而我一點都不認識你這個陌生人。如果我現在回答你，依照猶太人的傳統，我就必須邀請你到我家坐。你長得很英俊，而我有一個漂亮的女兒。你們倆一定會愛上對方，然後你就會把我的女兒娶走。你告訴我，我為什麼會要一個連手錶都買不起的女婿呢？」

幾乎每一分鐘、每一件事，我們都依憑著過去所得的知識、經驗在作判斷。比方，我們常聽說（或認為）：「生意人都很狡猾」、「女人都是爛駕駛」、「男人都很不衛生」、「猶太人都很吝嗇」、「美國人都很浪漫」……等等。此後我們心中就會建立起一套刻板的印象，並用這個「成見」去解釋或評斷周遭的人事物。

一對男女若看到一個男人拿把花走在街上，女的可能會想：「噢，他真體貼、好浪漫。」

男的也許會認為，「天啊！我看這傢伙完了。」

偏見是無知的孩子

記得有一則故事，大概是這樣的：

有位先生初到美國不久，某個早上到公園散步，看到一些白人坐在草坪上聊天、曬太陽，他心想：「美國人生活真是悠閒，有錢又懂得享受生活。」

走了不久，又看到有幾個黑人也悠閒地坐在草坪的另一邊，這位先生不禁想到，「唉！黑人失業的問題還真是嚴重，這些人大概都在領社會救濟金過生活。」

艾斯(Goodman Ace)曾有這麼一段妙喻，當你暗夜走在街上，看見某扇窗亮了一盞燈。也許有人會說：「這一定是母親為還沒有回家的子女在禱告。」也有人會說：「老天，一定有人在偷情！」

被狗吠的人，不一定是賊；留著長髮、長鬍子的，也不一定是藝術家。

哈茲立特有句話：「偏見是無知的孩子。」說得一點都不錯，「人」「扁」為偏，人一旦有了偏見，就會把「人」看「扁」、看「偏」了。

要記住，大多數的人並不瞭解你，反過來說，你也不完全瞭解這些人，既然如此，我們就不該輕易地去論斷他人，當然也不必在意別人的論斷。

因為，每個人都可能扣錯了第一顆鈕子，不是嗎？

被狗吠的人，不一定是賊；
留著長鬍子，也不一定是藝術家。

看吧！我果然預測的不錯！

你愈注意的是什麼，意識波就愈強，也就愈容易成形。
如果你總是想著最糟的，你就會得到最糟的結果。
這也就是為什麼「烏鴉嘴」會特別靈！

你想什麼想得最頻繁，你就會得到什麼。這是一個有趣的事實：我們的心中最強烈的意念，經常在不知不覺中引導我們的行為，並把這個念頭轉化為事實。

然而，遺憾的是在大多數情況下，我們都把注意力放在我們「不想要」的事物上，而非「想要」的，結果得到的常是「不想要」的，也就不足為奇了。

為什麼烏鴉嘴會特別靈？

曾看過一則故事——

有位年輕人，開車到鄉下，半路上車子爆胎了，打開車廂，才發覺沒有千斤頂，那裡一片荒野，只有遠處有戶農家，在這個大熱天裡，他也只好心不甘、情不願地走去借。

邊走他邊想「這戶人家又不認識我，他可能不會把千斤頂借給我！」他越想越覺得「別人一定不會借給我，因為我的車離那麼遠，他一定會擔心如果我借了不還，怎麼辦？」他不斷地往壞的方向想，而且越想心情就越糟。

所以當他到達這戶人家門口時，心情已經大受影響，就不自覺地用力敲人家的門，等到對方一開門，就對他說：「你敲門怎麼那麼沒禮貌？」

他一聽心裡想完了：「我早知道，我就知道，他一定不會借給我！」結果東西還沒借到，就跟人吵了起來。

經常，我們總是將事情先想像結果會糟透了，以至於當壞事真的降臨，我們就會說：「看吧！我果然預測得不錯！」甚至覺得有點安慰，「還好沒有太樂觀」，否則現在情形可能更悲慘。這根本是扣錯了第一顆鈕子。

其實呢，你愈注意的是什麼，意識波就會愈強，也就愈容易成形。如果你總是「想著」最糟的，你就會得到最糟的結果，這也就是為什麼「烏鴉嘴」會特別靈！

塞尼加曾說：「可悲與愚蠢之甚，莫過於期待不幸降臨，厄運未至便先等候，無異狂人行徑。」

以撒‧辛格說得更直接，「如果你不停地說『大事不妙』，你倒真有可能未卜先知。」一開始就擔心失敗或害怕失去的人，其實已經做了預言家。不是嗎？

失敗的最大前兆即是預測可能會失敗。試想，當你參加某個比賽從頭到尾都擔心會輸，你腦海中所泛起的鮮明意念，就是「會輸」，你又怎麼可能贏呢？

擔憂無疑是祈求你不想得到的東西，這不是很蠢嗎？

成功的人專注於他們想得到的，而失敗的人則專注於他們不想得到的——結果他們都得到了。

別被「強化循環」牽著走

許多有失敗經驗的人，往往比較容易再次失敗，原因即是他們把注意力放在「不要」失敗，而不是「要」怎樣成功，他們總在想自己「做錯了什麼」，而不是「做什麼才對」，結果又再次錯了。

這即是所謂「強化循環」，成功的預期往往導致成功，成功的結果又強化了原來的樂觀預期果然正確的證據，反過來說，預期失敗於前，結果往往失利於後，而失敗的結果又證明原來的悲觀預期果然正確。

正如亨利・福特所說的，「不管你認為你行或認為你不行——你都是對的。」你相信什麼，就會得到什麼。

失業的人為什麼很難找工作？理由很簡單。因為他們心裡老是想著自己真背，運氣真差，或經常抱怨工作難找、自己不可能找到工作。有了這樣的意念，結局自然不出所料——果然找不到工作。

許多人一直沒錢的原因，也是因為他們整個念頭都是——我沒錢、我太窮、我付不起、我擔心投資失敗……卻沒有「想過」要怎麼賺錢、怎麼理財，甚至從來沒想過自己會有錢。

試想，如果你覺得自己沒有吸引力，你想你還能吸引到什麼樣的人？如果你認為自己沒有什麼價值，那又怎能期待得到更好的待遇？如果你相信自己會被打敗的話，那你已經先把自己打敗了，不是嗎？

永遠要記得你想要的，而不是你不要的

那該怎麼辦？

關鍵就在你的意念——如果你把意念放在「不想要」的東西上面，那麼你

就會得到不想要的東西。就像當你強迫自己別再去想某個令你討厭的人或厭惡的事時，這個念頭不但不會消失，反而像陽光下的影子，揮也揮不去。在你腦海裡最常出現的，還是那個人、那件事，不是嗎？

反之，如果你能把意念放在一些美好或期待的人、事、物上時，那麼結果便會朝向這個方向走。

如果你害怕失敗，便將注意力放在成功，想像自己已經獲得成功的感覺和喜悅；如果你害怕變老，那就經常保持年輕的心，讓全身上下都充滿著朝氣、活力。那樣就對了！

記住，「把注意力放在你『想要的』，而不是你『不要的』事物上」。

每天不斷肯定地告訴自己，說自己是個樂觀進取的人，讓你的走路、談話、想法，都表現出好像你已經是這樣的人，你會驚訝於心情比以前好得多，行為也自信得多，之後你就會更深信這套心靈改造方法的神效。

別忘了！永遠要記得你所想要的，而不是你不要的。

你愈注意的是什麼，意識波就愈強，也就愈容易成形。
去想你所要的，而不是你不要的。

嗯！誰說的都有道理啦！

甲女：「我上次暗示男友說，女人喜歡能長久保存的東西，結果，妳知道嗎？第二天我就得到一枚鑽戒，妳也可以對男朋友如法炮製呀！」

乙女：「這方法我早用過了，結果第二天我收到一包防腐劑。」

你知道人們為什麼常會有爭執嗎？十之八九是認知的問題；為什麼會觀點分歧、意見不合？也是認知問題；為什麼大家總堅持己見，認為自己才是對的？沒錯，還是認知的問題。

其實，我們對所有事物的看法，都是透過認知的鏡頭來看——認知不同，結果就不同。

• 認知不同，結果就不同

最簡單的事例莫過於「上」和「下」的概念。初看起來，大家對「上」和「下」的概念涇渭分明，但如果你問澳洲是在英國的上方還是下方時（註：英國與澳洲恰好位於地球表面的對稱位置上），問題就出來了。那得看你站在哪一個位置上來看，對嗎？

《列子‧湯問篇》有一則故事——

孔子周遊列國時，有一天看見兩個孩子在爭辯，於是就走向前去問他們在爭辯什麼？

其中一個小孩說：「我認為太陽剛出來時離人近，到了中午離人遠。」

另一個小孩卻認為：「太陽剛出來時離人遠，到中午時才離人近。」

這個小孩又說：「因為太陽剛出來時像車蓋那麼大，等到中午時就小到像一個盤子，這不就是離人遠小，離人近大？」

「才不呢！」另一個孩子不以為然地說：「太陽剛出來時還有點涼意，到了中午就像暖爐，這不就是離人近熱，離人遠涼嗎？」

所謂：「山近月遠覺月小，便道此山大於月。」山又怎會大於月？

太陽仍是同一個太陽，不同的是看它的人。正如梭羅所說：「這世界並沒有錯，錯的是我們看待它的方式。」我們許多的誤解、衝突和災難，不就是這種「主觀認知」的造成結果嗎？

「認知」到底可以差多少？

第二次世界大戰期間，由於德軍經常空襲倫敦，所以英國空軍總是保持高度警戒。

在一個濃霧瀰漫的日子，倫敦上空突然出現了一架來歷不明的飛機，英國戰鬥機立即升空迎戰，到飛臨對方時，才發現這是一架中立國的民航機。

英國戰鬥機遂向地面指揮部報告了這一情況，請求指示，地面指揮部回答：「別管它。」

於是，英國戰鬥機發出一連串攻勢，把這架民航機擊落。後來，英國為此支付了一筆巨額賠償才了事。

各位知道為什麼嗎？因為「別管它」這樣語義不明的言辭，既可以理解為「別干涉它，任它飛行」，也可以理解為「甭管它是什麼飛機，打下來再說。」由於戰鬥機和地面指揮部「認知不同」，結果鑄成了大錯。

在日常生活的人際交往中，我們不也經常因為這類錯誤的認知，而「鬧笑話」嗎？

有位小姐一向只喝黑咖啡，不加糖也不加奶。有一天，她到咖啡廳坐下對服務生說：「給我來一杯，什麼都不放。」

服務生馬上給了她一個空杯子。

有位先生忘了帶錶，便問一位陌生路人，「現在幾點了？」

這位路人回道：「現在六千五百四十三點，下跌了二十一點。」

另有位女孩想暗示男友送她鑽戒，於是在男友問她喜歡什麼東西時，她嬌嗲地說：「人家比較喜歡能長久保存的東西。」

結果沒想到，男友竟然送她一包防腐劑。

是不是?認知不同，結果就大不同。說幾則笑話給你聽！

在一堂數學課裡，老師正在講解，「各位同學，『圓』有很多意義……」老師還在台上滔滔不絕地講著，阿明就傳紙條給仰慕已久的阿雅，「我對妳的愛，就像一個圓……沒有終點。」

不一會兒，阿雅也傳了一張紙條回來，「我對你的愛，也像一個圓……沒有起點。」

女友生日，小王興匆匆地選了一盒蛋糕過去。

女友說：「我們的感情，就像插在蛋糕上的蠟燭一樣。」

小王高興地說：「象徵光明與希望？」

女友冷冷地回道：「不！隨時都會吹了。」

還有一位個性內向害羞的男士，暗戀一位女同事很久了，可是一直不敢表態。後來，這位女同事想另謀發展而辭職了。在離開公司前，她交給了那位男士一封信。信裡面只放了一張用筆戳了一個洞的白紙。

「這是什麼意思呢？」他左思右想，一顆心慢慢下沉，「唉！一定是叫我『看破』吧！沒希望的。」

失戀的年輕人，萬念俱灰，也就不敢再與對方聯絡。

事隔兩年之後，他忽然接到那位女同事的電話，原來是想邀請他去參加她的婚禮的，在電話中女同事問：「有一件事我一直想問你，你看過當年我留給你的那封信沒有？」

「看了啊！」男士嘆口氣回答，「妳不是要我『看破』嗎？」

誰知女同事聽了氣惱地叫道：「要死啦！我的意思是要你『突破』！」

大哲學家尼采曾說：「沒有真正的事實，只有詮釋。」英國小說家赫胥黎說得更明白，「經驗不是指發生在你身上的事情，而是指你如何去看待發生在你身上的事情。」

每個人都是獨一無二的，看法也就南轅北轍，即使是相同的一件事，由於不同的人，不同的認知，產生不同的觀點和詮釋，結論也就大異其趣了。還是那句老話：「扣錯了第一顆釦子的人，就扣不完所有的釦子。」

想想你每天是不是也不斷在和別人發生爭執、爭論、爭辯？總是習慣以自己的想法去解釋一切事物，並以自己有限的認知去作評斷，總認為自己才是對的？別忘了，凡是心中認定的，看來總是最真。讓我引述我在拙著《每十秒鐘一個幸福》書中的一段對話，來作結語。

有兩個人因見解不同，發生嚴重爭執，相持不下。

他們決定請德高望重的大師，主持公道。

第一天晚上，甲找到了大師，說了他的看法。

大師說：「嗯！你說的有道理。」

第二天晚上，乙也找到大師，說了他的想法。等他說完，大師說：「嗯！你說的有道理。」

事後，一旁的弟子不解地問：「兩個人的說法完全不同，你卻說他們都有理，怎麼可能兩人都是對的呢？」

大師笑著對弟子說：「嗯！你說的有道理。」

同一個人、同一件事、同一個問題，只因每個人的立場不同、角度不同、見解不同、認知不同，所得的「結果」也就不同。

答案也許只有一個，但人卻有千百種，紛爭也就永遠都擺不平。結果，公說公有理，婆說婆有理，總而言之——「嗯！誰說的都有理啦！」

眼睛沒問題的瞎子

悲傷，是因為無法接受不幸；
愁苦，是因為害怕接受災難。
如果你抗拒接受，生命將成為一種掙扎，
我們愈是抗拒，也就愈痛苦。

大部分人內心的掙扎都是出自控制的慾望。我們總認為事情「應該」是什麼樣子，某個人或某件事「不應該」某個樣子，一旦情況不符合「預期」，就覺得挫折、不滿，內心便開始掙扎。

想一想，你所掙扎的、挫折的，不就是那些你想得到卻得不到，或是你不想要卻偏得接受而來的嗎？這些「不應該」的結果，即是你痛苦的根源，不是嗎？

我們以為人生應該凡事順遂，沒有阻礙，才叫正常，其他都算倒楣或不正常；我們喜歡控制事情按照我們希望的方式進行，一旦事與願違，我們就怨天尤人，自艾自憐、抱怨著，「為什麼是我？」

然而，人生總是無法盡如人意，它就是這樣——永遠都充滿著困難、障礙、壞運、災難、挫敗。不是陷於這個難題，就是陷於那個難題，很少人能完美平順的走過一生，而不留下幾道疤痕。

接受生命的全部

的確，生命不會鋪著紅地毯來迎接你。法蘭・雷波維茲（Fran Lebowitz）曾寫過一種「那樣豈不更棒」的夢想，他說：「電話鈴響起來，我不大情願，這不是我最喜歡的醒來方式。我最愛的醒來法是有個法國影星在午後兩點半在我耳邊輕柔地說，如果我想及時趕上瑞典頒給我的諾貝爾文學獎，我最好起來吃早餐。但是這種事可惜不如我們希望的那樣經常發生。」一點都沒錯。

每個人都希望事事如意，但一遇到難事都不願去面對；每個人都想死後上天堂，卻沒有人願意死。這即是問題所在。

生命有生就有死、有得就有失、有贏就有輸、有賺就有賠、有福就有禍、有高潮就有低潮。有時你會站上快樂的高峰，有時會跌落沮喪的低谷。你不能說：「我只接受山峰，而不要接受山谷。」你必須接受生命的一切，包括它的毀滅在內，因為它是生命的一部分。

如果你抗拒接受，生命將成為一種掙扎，我們愈是抗拒，也就愈痛苦。

比方，如果我是個盲人，我必須先接受這個事實，就不會一天到晚抗爭，想要重見光明；如果我不願接受這個事實，一天到晚都吵著我要看到這個世界，必定會陷入掙扎。這是很簡單的道理，我們必須先接受它，才能面對它；否認事實，只會製造掙扎。

奧修OSHO大師曾說過一則故事——

從前，有個女人被帶來看我，她是個非常美麗的女人，結婚三個月後卻變成寡婦。她深愛她的丈夫，兩人曾為愛而反抗一切，但結婚不到三個月，她的丈夫就猝死了，她的經歷十分悲慘。有三天的時間，她不肯張開眼睛，因為只要一張開眼睛，她就必須面對她丈夫已死的事實。

不管人們怎麼勸她，她還是不肯張開眼睛，嘴裡還喃喃自語，「我的丈夫沒有死，誰說他死了？」但屍體馬上就要火化。

火化屍體那天，女人睜開了眼睛，但她已什麼都看不見！這是一個很深的謎。醫生說，她的眼睛在生理上沒有問題，但她卻看不見。因為想看的人不見了。

之後的四個星期，她變盲了，她仍日日夜夜不斷地說：「誰說我的丈夫死了？我還沒看見他的屍體！」她其實知道她的丈夫死了，但她不願接受這個事實。

人們把這個女人帶到我面前。她的行為完全像個瞎子，必須有人幫她。我告訴她，「妳的丈夫有很大的麻煩。今天早上，他來找我，看起來很痛苦，妳為什麼不看呢？」

「醫生說妳的眼睛根本沒有問題。」我對她說話，就像她丈夫還活著。忽然間，她跌倒，在地上打滾，說：「我的丈夫死了，你為什麼說你早上還看見他呢？他死了！」她的視力回來了，她又看得見了。

發生了什麼事？忽然間，她瞭解了被她拒絕承認的事實。因為拒絕承認，所以她變盲。當她接受她的丈夫已死，她發自肺腑地哀嚎，打從內心傾洩而出地哀嚎。當暴風雨過後，她變得寧靜，她接受了那個事實——眼睛也重見光明。

悲傷，是因為無法接受不幸；愁苦，則是因為害怕接受災難。想想看，你的所有焦慮不都是因為渴望得到平順和諧而引起的嗎？接受生命的不平順，而後你將得到和諧平靜。

生命裡唯一真實的安穩即在領略生命的不安穩。只有當我們接受這個事實，才能沉靜自若、冷靜平和地看待眼前發生的事。

這許多年來我發現，我愈是抗拒眼前實際的狀況，我的內心就愈掙扎不安。如果我順服於既成的事實，不再抗拒，我的內心便得以紓解，甚至在突然間，困難也變得容易得多。

克服不幸的第一步

「心理學之父威廉・詹姆斯（William James）曾明確地說：「要認清事實，接受已發生的事，是克服任何不幸衝擊的第一步。」」

什麼是接受？接受就是順服既成的事實：我們的環境、長相、財富、工作、健康，或接受悲傷、誤解問題、接受所有不公平的事……在我們能做任何改變之前，必須承認目前的情況就是這個樣子。

去接受事物現在的樣子，而非你希望的樣子。明白這一點非常重要；你可以期盼將來事情會有所不同，但此時此刻你得先接受現況。

要記住，凡是我們願意面對的，我們才能夠去改變；而我們不願面對的，將回過頭來控制我們。畢竟，沒有任何事情能在我們願意面對之前就改變，不是嗎？

盡你的能力去改變，而你無力改變的，就學著接受吧！

接受事物現在的樣子，而非你希望的樣子。

Chapter 2.

轉換心境更自在

快樂就是快樂，

並不需要任何理由—光這個理由還不夠嗎？

讓自己快樂起來吧！

別當蒼蠅人

對事不瞭解而妄加論斷，
是不客觀；
對人不瞭解而妄加論斷，
則不但不客觀，
更不道德。
因此，你心中若有懷疑，就請閉嘴！

捕風捉影、道聽塗說、蜚短流長、搬弄是非、抓風就是雨，東家長西家短……都是負面貶辭，指的是人們沒有證據的謠傳以及不負責任的流言。

• 說人是非者，便是是非人

人為什麼那麼有興趣說別人的閒話，或找別人漏洞、挖別人瘡疤？為什麼人們總愛聽別人的「八卦」、喜歡說別人的是非呢？

原因在於一旦找到別人的錯誤，會讓自我感覺很好。多數的人都無法肯定自我，喜歡跟別人比較，因而當發現別人做錯了某件事或犯了某個錯時，「相較之下」就會覺得有優越感，「至少我比她更高尚」、「我比他們好多了」這種想法會讓人感到滿足舒服。

於是，人們變得喜歡論人是非，不只是談論而已，人們還將它渲染擴大，那也就是為什麼三姑六婆在一起會有那麼多樂趣的原因。因為當閒話口耳相傳後，內容就更精采豐富了，你的朋友擁有自己的朋友，朋友的朋友也有自己的朋友，朋友的朋友的朋友又有親朋好友，結果一傳十，十傳百，在「傳話接龍」的過程中，不免加油添醋一番，等到話從別人口中再傳回來的時候，你將會難以置信，原來的小水池，現在已經成了一座大湖泊。

最讓人心生畏懼的是耳語

記得小學時，曾玩過這樣的團體遊戲。

全班五十位同學排成一行，老師先在紙條寫上一句話，再把這句話給第一位同學看，由這個同學在耳邊輕聲講給第二位同學聽，第二位同學講給第三位同學聽，這樣一個個傳下去。傳到最後一位同學時，由這位同學把聽到的內容寫在黑板上，這時老師會打開原先寫的那張紙條，兩相對照之下，結果往往相差十萬八千里。

這就是謠言耳語的可怕。請看「聶」字，聶，畏懼也，此字有三個耳，表示傳來傳去的耳語，最讓人心生畏懼。

有個喝醉酒的人在路上遇見了一位教友。

「唉，真抱歉，讓你看到我這副德行。」他說。

「喔！你何必對我說抱歉呢？你應該知道上帝總會知道你在做什麼，不是嗎？」

「是啊，但祂不會像你那麼多嘴。」

耳語有如狗吠，一隻狗因見到了某個影子而嚇得吠了起來，於是所有聽到的狗也跟著大叫。人也是一樣，當一個人說了某人的是非，其他的人於是不分青紅皂白地跟著喧鬧起來。結果在人云亦云或以訛傳訛下，造成了積非成是，或積是成非的禍果。

最難補救的錯誤

有四個神學院的學生在一起談得很投機，於是約定，每人說一個自己曾經犯過的錯，不准外傳。

第一個說：「我曾經偷偷出去找女人。」

第二個說：「我曾經偷偷出去賭錢。」

第三個說：「我曾經偷過院長的東西。」

第四個說：「我的過錯最難辦，我總是違背諾言，向院長告密。」

西班牙小說家，同時也是《唐吉訶德》作者塞萬提斯曾說：「醜聞發出臭味已不堪一聞了，更糟的是大家還猛亂攪一番。」這句話真是一針見血的點出許多人喜歡挖「八卦」的現象。

「對事不瞭解而妄加論斷，是不客觀；對人不瞭解，而妄加論斷，則不但不客觀，更不道德。」

如果你無法讚揚一個人，就不該在背後談論他，因為你永遠不知道此話會不會傳到當事人的耳朵，不是嗎？事實上，每一個事件都有好幾種說法，每一個傳言也可能被扭曲或誇大，你又何必像隻蒼蠅一樣，到處亂舔人家的傷口呢？

試想，如果有人謠傳了一些你的假話和不真實的傳言，你的第一個反應會是什麼呢？感覺受到傷害？還是生氣？你會不會想想自己究竟犯了什麼錯，人家竟然會這樣對待你？你會不會懷恨不平地問：「到底是誰說的？為什麼這樣講我？」

你會不會煩亂得失眠，在心裡反覆咀嚼那些中傷你的話，一再反芻那些謠言，以及無法消弭的憤怒？

傳話的人說得津津有味，被傳的人卻刻骨銘心，如果你也害怕別人這樣對你，那就不該去做這樣的事。為什麼要這樣對待別人呢？

「根據可靠的消息指出，這世界上沒有可靠的消息。」因此，任何事情在未能證實之前，請閉上尊口！

這就是他對不起我的地方

責任並不等於責怪；
責任是讓我們擁有力量，而責怪卻是送走力量，
除非你願意負起責任，否則問題永遠還在！
沒有一個問題在有人願意負起責任去解決它之前就得到解決。

願意為自己行為負責的人實在少之又少，我們都習慣把自己當成受害者。怪別人做錯了什麼所以才導致這種結果；怪他們做了什麼才害我們犯錯。畢竟把罪過推給別人，要比自己扛下責任容易得多，不是嗎？

• 別說：「都是他們的錯」，而要問：「我做錯了什麼？」

說一則笑話——

有個女人跑去找律師，說她受夠了她的先生，她想要離婚。

律師說：「好的，那麼妳的理由是什麼？」

女人說：「理由？什麼理由？」

律師說：「妳知道的，想要離婚一定要有理由啊！」

「哦！」女人說：「他對不起我！」

律師很有耐心地問：「嗯，他是不是沒有給妳生活費？」

女人說：「有！錢都是他給的。」

律師說：「好！那，他是不是對妳動粗，他有沒有打妳？」

女人不屑地說：「他才沒那個膽。」

律師再問：「哦！那他對妳忠誠嗎？他有沒有對妳不忠？」

女人大叫說：「這就對了，這就是他對不起我的地方，我知道他並不是我們家老三的父親。」

事情一發生，不管是什麼，我們都有足夠的理由為自己辯解。「不是我的錯。」人們會說：「是別人造成的。」每當生活出了差錯，我們總是把責任丟給別人。

誰該為自己的錯誤負責

如果你感到悲傷，你會說那是因為某人，所以你才會如此悲傷；如果你覺得很挫折、很失望，那都要怪某人阻礙了你；辜負了你，如果你很生氣，你又會說是別人的錯，是他讓你生氣的：「如果不是他說那些話，我也不會這麼生氣！」

同樣的，對方也可能理直氣壯的說：「如果不是你這麼生氣，我也不會說那些話！」每個人都有充足的理由——就是要別人為自己的錯誤負責。

這麼一來整個方向就錯了，你變成是在別人身上找原因。你會想：「別人對我做錯事，那即是我為什麼會痛苦的原因。」

於是你開始把自己的錯誤指向別人。當你走錯了第一步，接下來也跟著錯下去。

一旦你認為是別人害你受苦受難，你就很難「翻身」，因為問題出在別人，你有什麼辦法呢？

如果真是別人讓你悲傷、讓你不快樂，那你將會永遠都沉陷在悲傷和不快樂之中，因為你能怎麼樣？你無法改變別人，不是嗎？

你的周遭有成千上萬的人，如果你的喜怒哀樂是來自於別人，那麼你的命運將會非常悲慘。因為你很難讓每個人都符合你的期望，對嗎？

事實上，沒有任何人能夠使你痛苦，也沒有任何人能夠使你喜悅，情況完全視你而定。是的，這都得看你自己。

除非你同意，否則誰能讓你痛苦悲傷？別人也許可以打你、罵你，甚至殺了你，但沒有人能強迫你待在痛苦的桎梏中，只要你想出來，馬上就可以走出來，就這麼簡單。

別人不是問題，你才是問題所在。不管你覺得好，或你覺得不好，這些感受都來自於自己。

除了你以外，沒有人該為你的感覺負責。沒有人讓你痛苦，也沒有人使你快樂，你會痛苦是因為自己，快樂也是因為自己，除非你懂得這個道理，否則你永遠只能當個奴隸，讓別人牽著走。

別再這樣，別再把手指指著別人了。不論你在別人身上找出多少錯處，或推了多少罪過給他，這對你一點幫助都沒有——你還是你，一點都沒變。就算別人幫你吞了再多的止痛藥，對你的頭痛根本於事無補，不是嗎？

做命運的主人

「責任」是一個被誤解的詞，大多數人都把它用於指責。然而，責任並不等於責怪，負起責任，並不代表要指責別人或怪罪自己，這有很大的差別。

責任是讓我們擁有力量，而責怪卻是送走力量。當我們責怪自己或其他人時，是源自於無助感，這樣的態度只會讓我們感覺更糟，變得更加無助而已。反之，負責意味著我們握有主控權，我們是命運的主人。

我常說，沒有一個問題能在一個人願意負起責任去解決它之前，就得到解決。我們得先擺脫「都是他們的錯」這種心態，反過來問問自己：「我是怎麼讓它發生的呢？」把手指頭指向自己，這樣你才能從別人那兒拿回自己的力量。

◆我做錯了哪一點而導致失敗？
◆是否瞭解不夠？
◆是否選錯時機？
◆是否未盡全力？

◆是否方向錯了？果真如此，那該怎麼辦？

◆如果我想改變，現在需要做什麼？

要記住，沒有人能改變一個自己不想改變的人；也沒有任何問題能在一個人願意負責去解決它之前，就得到解決。

希望這篇文章能幫你揪出問題，做一個勇於負責的人。

說人是非者，便是是非人。

等待快樂，不如即時行樂

大部分的人以為，快樂必須是——賺更多的錢；得到更棒的工作、更好的汽車、更高的地位……我們在快樂上附加了太多的條件。因而變得愈來愈不快樂。

在讀這篇文章之前，我想問大家一個問題：「如果要能使你快樂，必須出現哪些條件？」

是必須先賺到多少錢？必須先考上某個學校？或是必須先達成某個目標？得到某個結果？如此才能使你快樂？

你是否也設定了一些條件，關於有一天你快樂時你的生活「將是」什麼樣子，但是今天，也就是現在，你卻沒有一點喜悅的感覺？

你對自己說：「除非等我有自己的房子，我才允許自己快樂。」因此在擁有房子之前，你總是悶悶不樂。於是，你等、等、等，直到有一天你終於有了自己的房子，你高興地說：「太好了，我終於辦到了！」然而，快樂的感覺似乎沒能維持多久——因為這時你又有新的目標，又想得到別的東西了。

一個相信「有房子」會使他快樂的人，一旦有了房子，他可能又會有新的想法。那時他可能會認為，如果能換一部新車，或者工作能獲得升遷，他才會快樂。然而，等到願望真的實現了，他又繼續為下一個「快樂」定下條件。這即是我們不快樂的原因。

大部分的人不快樂都是來自我們想得到些什麼。希望有更多的錢、更棒的工作、更好的汽車、更高的地位……我們在「快樂」上附加了太多的條件，因而變得如此地不快樂。

回想一下，在你的一生當中有多少次已遂你所願！如果說話算數的話，你早該快樂了，不是嗎？你想拿到文憑，你拿到了，你想找份工作，你找到了；你想買部車子、想買棟房子，你也都買了。在生活中，你已經一次又一次得到想要的東西，可是為什麼卻仍然不快樂？

顯然大家都弄錯了！要體驗快樂，並不需要更高的學歷、更多的金錢、更大的房子或更好的工作，重要的是你自己的想法。

沒錯，樂由心生——是你的想法決定自己是否快樂。

只是心態不同而已

戴爾．卡內基曾說過這麼一段話：

使你快樂或不快樂的，不是你有什麼、你是誰、你在哪裡，或你正在做什麼，而是你對它們的想法。舉例來說，兩個人處境相同，做的事情相同；兩人都有著大致相等數量的金錢和聲望——然而其中之一鬱鬱寡歡，另外一人則歡欣愉快。

什麼緣故？心態不同罷了！

正如弗列德利・藍伯利基（Frederick Langbridge）所說：「兩人自同樣的柵欄往外看；一人見到污泥，而另一人卻見到星星。」

這個世界有太多住在大房子、財產成千上億，或擁有高學歷、高地位卻成天悶悶不樂的人，不是嗎？

所以，無論你賺了多少錢，又實踐了多少夢想，除非你自己決定要快樂，否則是很難快樂起來的。

試想，當你所企望的目標終於達到的時候，又是誰要你快樂的呢？根本就是你自己，不是嗎？

快樂是你自己決定要快樂起來的結果，僅此而已，就這麼簡單。快樂的人即使有時也會遇到困擾和煩憂，但他們仍舊能保持愉快的心情。

快樂是自找的

有一位老先生成天快快樂樂，有人不禁好奇地問：「難道你都沒有任何不愉快的事情發生嗎？」

「有啊！但是我還是決定要快樂啊！」老人家笑了一笑，接著說：「過去我也常心情不好，經常患得患失，因為我渴望得到某些東西，可是我一直沒有得到。後來，我放棄了，決定即使沒有得到那些東西，我也要快樂，沒想到就快樂起來了。」

另有一位癌症病人告訴我，「當我決定快快樂樂地面對疾病之後，有趣的是，周遭的每件事似乎跟著平順起來，就連健康也大大的改善。」這名婦人決定不管病況如何都要自己快樂起來，結果她的病情不但好了大半，甚至感染到周遭的人也跟著開心起來。

「十八世紀法國哲學家伏爾泰說得好，「所有好事都會發生在天性開朗的人身上。」」

的確也是如此。一個病人如果自己都不願快樂起來，病又怎麼會好起來呢？

一個人如果非等到一切都周全了，才願意快樂；非等到病痛都消失了，才要歡喜，只怕那天還沒等到，命都沒有了，不是嗎？

中國有句俗話：「鳥兒不是因為有了答案才鳴唱，牠唱乃是因為牠有歌。」

有時候，快樂就是快樂，並不需要任何特別的理由——而光這個理由還不夠嗎？

讓自己快樂起來吧！

誰對誰錯真的有那麼重要嗎？

如果你贏了一個朋友，就輸掉一份友誼。
如果你贏了一場爭辯，就輸掉一個結果。
重要的不是誰對，而是什麼才是對的。
去做對的事，而不要爭著當對的人。

大部分的人都把爭辯當成了口頭上的拳擊賽，每說一句話等於是打出了一拳，目的即在擊倒對方。大家似乎有種錯誤的認知，以為只要「爭贏了」就代表自己是對的。因此，不惜消耗大量的時間、精力，甚至六親不認，只為了證明自己是對的。

然而，誰對、誰錯真的有那麼重要嗎？

別爭著做「對的人」

赫胥黎有句名言，「重要的不是誰對，而是什麼才是對的。」這句話的意思，簡單的說就是要大家去做對的事，而不要爭著做對的人。

假如你跟人爭辯，當場辯輸了，那就輸了，當你辯贏時，事實上，你還是輸了，你將輸掉彼此的信賴和情誼，不是嗎？所以爭辯並不能帶給你任何的勝利，只是傷害的開始。

有句話說得好，「如果你贏了一場爭論，就輸了一個朋友。」這句話還可以改成，「如果你贏了一場爭辯，就輸掉一個結果。」

比方，當你急於證明自己是對的，你的上司或客戶是錯的，可想而知結果一定對你不利。因為不管是西瓜掉在刀子上，或是刀子掉到西瓜上，永遠是西瓜被切開，這點準錯不了吧！

班傑明・富蘭克林對爭辯曾剴切的指出，「爭吵是一種兩個人玩的遊戲。然而它是一種奇怪的遊戲，沒有任何一方曾經贏過。」

你可以注意一下，當你貶低別人以後，你的感覺是變好還是更糟？通常心情只會變得更壞，對嗎？傷害就好比一把雙鋒的劍，如果你傷害某人，你也必定感到難過。

因此，當你下回與別人發生爭執時，記得先靜下來，問問自己，「別人怎麼認為，對我真的有那麼重要嗎？」「為了證明我的看法，值得去破壞彼此的關係嗎？」或問：「爭贏了，就能被肯定？就會更快樂嗎？」想通了，你將有不同的選擇。

別忘了，一個巴掌是拍不響的。如果你不跟別人爭「是非」，又怎麼會惹上「是非」呢？

快樂的祕訣就是「退一步」

美國拳王喬路易在拳壇所向無敵，有一次他與朋友開車一同出遊，車子行駛間，因前方有狀況使他不得不緊急煞車；不料後面尾隨的一輛車因煞車不住，而輕微地撞上。

他原也不以為意，但後面的司機卻氣沖沖地跳下車來找他議論，指責他煞車太急，大罵他駕駛技術有問題，並不時揮動著雙拳，在他面前跳躍著。

喬路易沉默不語，直到司機罵完，揚長而去。

喬路易的友人實在忍不住了，對喬路易說：「那傢伙看起來那麼囂張，還在你面前揮動拳頭，你為什麼不狠狠地揍他一頓？」

喬路易笑著說：「如果有人侮辱歌王卡羅素，卡羅素是否會為對方高歌一曲呢？」

說得好，如果你不小心被狗咬了一口，難道也要回咬狗一口嗎？

誰對誰錯或誰是誰非，並沒有內心的平和快樂來得重要。快樂的祕訣就是「退一步」，先向別人伸出友善的手。讓對方做「對」的人，並不表示你就

「錯」了。因為，當一切好轉後，你會發現你將獲得放下的自在，也會感到海闊天空。這樣，你也做「對」了。

是非只為多開口，煩惱皆因強出頭。「吵」這個字，是「口」和「少」的合併，即告訴大家，「少」說一句，正是解決吵架、爭辯的最好方法。

別拿別人的錯懲罰自己

曾有一對父子搭火車外出旅遊，途中有位查票員來檢查車票，父親因為找不到車票而受查票員怒言以對。

事後，兒子就問父親，為什麼剛才不反目相對呢？

父親說：「兒子，倘若這個人能忍受他自己的脾氣一輩子，為何我不能忍受他幾分鐘呢？」

別人的蠻橫無禮，那是他沒修養，是他的錯。如果你因而被激怒，咬牙切齒，惡言相向，那你不是跟他一樣嗎？你不就效法他了嗎？

「奧理略曾提醒大家，「不要受辱罵你的人脾氣與情緒感染，不要步上他們的後塵。」」

生別人的氣，等於是拿別人的錯誤來懲罰自己，想想，這多傻啊！

你寧願得理不饒人，還是選擇不與他一般見識？

你寧願去贏得一場爭辯，還是選擇贏得一份友誼？

你寧願證明自己是對的，還是選擇做對的事？

別忘了，「重要的不是誰對，而是什麼才是對的」——去做真正「對的事」，而不要爭著當「對的人」，那就對了！

你是哭婆還是笑婆？

由於我們對自己的想法太熟悉了，
以致沒有發覺，
原來所有的負面情緒和感覺，
都是來自我們自己的想法——
我們就是自己想法的受害者。

你覺得某個人讓你不滿嗎？
你覺得某些事讓你悶悶不樂嗎？
你感覺自己老是運氣很差，諸事不順嗎？

也許你說得沒錯，或許你真的非常「不順」，但你知道嗎？當你「覺得」某個人或某件事不對勁，並不代表這個人或這件事真的是不對的，這點你想過嗎？

比方，有位太太「覺得」先生似乎不再愛她了，因為先生最近早出晚歸，脾氣也變得不好，這讓她感到很難過。後來，經友人旁敲側擊才瞭解，原來先生最近剛承接一個新的計畫，上司要求很高，這讓他幾乎喘不過氣來，而並非太太「所想」不再愛她了。至此，太太才展露微笑，可是她先前為自己所「覺得」的已不知掉了多少淚。

感覺也許是真實的，但判斷卻經常偏離真相。

為什麼？那是因為我們的想法——我們的感覺完全是由想法造成的。如果你的想法總是負面的，那麼你經常會覺得自己不順心、不如意，也就不足為奇了。

正如潛能開發專家馬修史維所說的，「每一件事都是從想法開始，所謂真相其實只是你個人的解釋。」

的確如此，一個人不可能在沒有任何想法之前便有所感覺，因為根本沒有任何參考點不是嗎？你可以試試看不去想任何令你難過的事，而感到難過，你辦不到的，對不對？鬱悶不快樂是不可能自己存在的，它一定是來自你對人生的否定想法才會產生，如果這個想法不存在，鬱悶不快樂也就不存在了。

想想看，我們是怎麼變成沮喪的，都是先有消沉的想法，不是嗎？先有了生氣的想法才會變得憤怒；有了嫉妒的想法才會覺得嫉妒；有了憂慮的想法才會感到擔心。否定的想法造就否定的感覺，沒有了負面的想法，也就不會感到難過，對嗎？

如果你心想，「別人老是吃定我。」這個想法便會萌生「一籮筐」關於別人佔你便宜，或過去曾經被欺負的事情，而使自己心情低落，看起來就像個名符其實的「受害者」。

反之，如果你想的是，「吃虧就是佔便宜。」此時你就會豁然開朗，心情也變得快樂得多。

思想是自己創造的

我們每一個人在一生中，都會累積成千上萬對自己和對別人的想法，這些想法幾乎決定了我們的命運。然而，由於我們無時無刻不在思考，也經常都是「這樣想」，就因為我們對自己的想法太熟悉、太接近了，以至於沒有發覺，原來所有負面的情緒和感覺，都是來自我們自己的想法。

要記住，想法本身沒有它們自己的生命，除非你對它們認同，除非你給它們力量，否則它們便會消失。

就正如前面的例子，你吃了虧、上了別人的當，你可以聳聳肩安慰自己：「也許是前輩子欠他的吧！」也可以憤恨地想：「為何我老是碰到這種事？」所以，是你的想法才使你有現在的感覺，而不是那個人或那件事——你的思想都是自己創造的，不是嗎？

轉變想法就是「笑婆」

《佛經》裡有一則「哭婆的故事」，頗富啟示。

鄉下有一個老太婆經常哭泣，因為她不但晴天哭，雨天也哭，所以大家都叫她「哭婆」。

有一天，來了一個老和尚。他問哭婆說：「妳為什麼整天哭呢？」

哭婆答道：「因為我有兩個女兒，大女兒嫁給賣傘的，小女兒嫁給賣香的。天氣放晴，我就想到大女兒的雨傘一定賣不出去，愈想愈擔心，就哭出來了；下雨時，我就想到小女兒的香一定沒法拿出去曬乾，也就憂慮得哭了。」

老和尚笑道：「妳不會轉一下妳的想法嗎？晴天，想小女兒的香曬得很多，賣得很好；下雨天，想妳大女兒的傘生意一定很好。」

老太婆聽完，恍然大悟，照著老和尚的話去做，轉悲觀為樂觀，天天笑嘻嘻地，很快就從「哭婆」變成「笑婆」了。

你不可能因為別人做了什麼而使你難過，除非你讓他影響你，而使自己感覺難過。

這是一個非常重要的觀念。你難過是來自你自己的腦袋，是你個人對這件事情的想法，而不是來自別人的表現，或外在的事物。

如果你對這些人、這些事，根本都不在乎，你的痛苦又從何而來呢？外在的人與事都不是重點，重要的是你，只有你才是創造快樂或不快樂的根源。

「湯姆・萊里爾(Tom Lehrer)說：「生命一如排水溝——你丟進什麼就出來什麼。」」

你整天怎麼想，你就變成怎麼樣的人。套句牛頓的話，「愉快的生活是由愉快的想法造成。」

如果你覺得自己總是遇人不淑、鬱悶不樂、諸事不順，或者你已經是個喜歡吹毛求疵、憤世嫉俗、愛發牢騷、愛抱怨的人，那就換個想法吧！

就這樣，一旦你能改變想法，就會產生不同的感覺，你將發現心情愈來愈好，事情愈來愈順，現在開始就試試看，不會錯的！

別說：「都是他們的錯。」
而要問：「我做錯了什麼？」

Chapter 3.

爲生命
寫下精采的腳本

撕下標籤，重新定義自己，
你可以把生命腳本寫得更精采！

原來是一條老茄子

就像暗夜裡錯把繩子當作蛇一樣，
一旦你走近一點就可以察覺，那不過是條繩子而已，
此時不論你離它多近，也就不再害怕了。
我們唯一要恐懼的就是恐懼本身。

從前，有一個和尚，一生奉行戒律。有一天夜裡，他走在路上，忽然覺得腳下踩到一樣東西，而且還發出聲響。他覺得那是一隻蝦蟆，而且蝦蟆的肚子裡還有無數的小蝦蟆，愈想心中就愈懊悔。

晚上睡覺後，他就夢見數百隻蝦蟆來向他索命，和尚因此害怕、恐懼得不

得了。

等到天亮後，他又到昨夜踩到東西的地方察看，卻發現原來他踩到的是一條老茄子，和尚的疑慮頓時消失。

恐懼不是真實的

「怕」這個中國字，分開來就是「心」、「白」，因為心中不明白，所以會怕；如果心裡明白，也就不害怕了。

當有人告訴一個小孩子說他床底下躲了一個惡魔會把他吃掉，他可能會嚇得雙腳發軟。當他母親開燈讓他看清根本沒有什麼惡魔時，他便不再懼怕。原本這孩子心中的恐懼彷彿是真實的，就好像他床底下真的有個惡魔一樣，而一旦他弄明白，他所害怕的東西便不存在了。

套句蓋兒・維荷曼(Gale Wilhelm)的話：「把室內的燈打開後，我們不禁懷疑黑暗有什麼好怕的。」的確，沒有任何事物比無中生有的恐懼更愚蠢的了。

其實，我們大部分的恐懼都是來自心中的想法，他們只是一些想像的「惡魔」而已，所以人真正恐懼的其實是自己的想法。

你可以做一個實驗，把一塊一公尺寬的木板離地只有一公尺，或架在兩張椅子上，我想大家都敢從上面走過去。但如果同樣的板子架在兩座高樓之間，這時恐怕就沒幾個人敢走了。

為什麼？

沒錯，是恐懼。站在高樓上，你會因害怕失足而變得緊張萬分、呼吸急促、手腳發軟。雖然木板的寬度是一樣的，但是想像的恐懼早已戰勝了內心。不是嗎？

對一個跳高選手來說，他可以輕易躍過兩公尺的桿，但卻沒幾個選手敢跳過等高的牆。

對一個跳遠的選手來說，他可以輕易越過七公尺的沙坑，但如果要他們跳過等距離的河，大半都會搖頭。

因為，現實中的障礙是可以超越的，然而想像中的障礙卻不可踰越。正如魯尼斯（Dagobert D. Runes）所說：「最大的冒險是在人心之中，而非橫越大洋或沙漠。」最高的牆和最高的河，其實是在我們的心中啊！

哪裡痛，就往哪裡扎

那有什麼方法可以克服嗎？

哪裡痛，就往哪裡扎。這個策略簡單的說，就是你害怕什麼，就故意做你害怕的事，到最後也就沒什麼好怕了。這是克服恐懼最快、最有效的辦法。

以小珍為例，她因業務的需要，經常必須與外國客戶開會，這對外語能力向來較差的她，簡直是恐懼萬分，夜裡她甚至擔心得睡不著覺。

不過，小珍並沒有選擇逃離，她告訴自己：「我如果想在這個行業繼續生存下去，就一定要克服這個恐懼。」

她的作法是：強迫自己每天收看英語新聞、外國影集、聽ＩＣＲＴ，一有機會就主動找外籍人士聊天……把自己完全融入在外語的環境中。漸漸地，她發現自己可以聊的話題愈來愈多，膽子也愈來愈大，並且變得很有自信。

現在的她，與外籍客戶開會時，不但英語可以朗朗上口，還能充當翻譯。由於表現傑出，她已被拔擢為部門主管。

有位智者即說道：「我原本如此害怕的事情，一旦開始去做，竟不是那麼困難，敵人不是別人，正是恐懼本身，只要克服恐懼，便是贏得勝利。」

這就像在暗夜裡錯把繩子當作蛇一樣，一旦你走近一點就可察覺那只不過是條繩子，此時不論你離它多近，也就不再害怕了。

或許你沒有語文或外國客戶的問題。說不定你正擔心某個比賽，或害怕上台演講，或想對某人說一些話，或決定要做某些事卻遲遲不敢行動。

問問自己，如果不讓懼怕阻止你的腳步，你的人生可能會有什麼不同？你會採取什麼行動使自己繼續前進？想像一下，當你決定無論如何都放手去做時，你的人生會有什麼變化？

戰勝對「恐懼」的恐懼

一個不能克服坐飛機恐懼的人，就永遠享受不到出國旅遊的樂趣；一個無法克服不敢上台演說的人，就很難享受到鶴立雞群的成就感；一個不願面對自己問題的人，就永遠無法擺脫問題；一個恐懼自己會受苦的人，已經因為自己的恐懼在受苦。

> 沒有什麼事比害怕更令人懼怕，恐懼本身並不具有任何的能耐，除非你向它屈服，給它力量。

當你害怕時，請記得每個人對某些事偶爾都會心生恐懼。真正的勇氣並不意味完全沒有恐懼，而是儘管你明明心裡害怕，但還是得著手去做你想做的事。

就這樣，不斷地嘗試面對，直到戰勝了對恐懼的「恐懼」為止。

請記住，除了存在你的腦子裡，否則恐懼無處藏身。

如果有人說你像個傻瓜

每個人都依照生命早期的經驗，
為自己擬一個「生命腳本」，
日後不自覺地一直在創造與這套信念吻合的經驗。
後來也就根深柢固地認為：「我就是這樣的人。」

有位小女孩慧慧，原本很喜歡畫畫，有天被老師批評她畫得很醜，從此她就開始逃避。慢慢地，她也漸漸覺得「我就是不擅長繪畫」，愈是逃避，就愈強化這個觀念。

長大後，當有人再問她，「妳喜歡繪畫嗎？」

她便回答，「哦！我不會畫圖，我一向都畫不好。」

安琪是個八歲的女孩，她的父母聽到她彈琴時，常批評她雙手笨拙，反應遲鈍。她信以為真，所以只要一彈琴，就彈得七零八落。到了高中仍彈不好，就連做一些家事也是一樣「笨手笨腳。」

強強這次的月考成績很不理想，老師看了之後，對他說：「你就是不用功，只知道愛玩。」

回到家再把成績單交給父親，父親生氣地說：「看看你考的是什麼成績，真是笨，你是不是豬腦袋啊！」

從此，強強便開始認為自己又懶又笨，他帶著這樣的想法終其一生。每次遇到挑戰，他很快就選擇放棄，他常說：「我不適合讀書，因為我頭腦不好。」「我沒有報名，反正也考不上。」「我不適合，所以我沒有去參加」……

就這樣，他用「我怎樣怎樣」來看待與面對事情，因為他真的相信他就是「又懶、又笨，凡事都做不好的人。」

和前面幾位小孩一樣，從小我們就被貼上一系列的「標籤」，成為人格的一部分，這種「自我概念」會跟著我們直到今天。

也就是說，你怎麼看你自己，多半是來自別人怎麼看你而定。有人說你很美，你就會覺得自己是美的；有人說你很有氣質、有品味或是很沒有水準，你就會愈來愈像他們說的那樣；如果有人說你像個傻瓜，你就可能「變成」傻瓜。

你身上貼了多少標籤？

四個世紀以前，巴斯凱即寫道：「由於人類天性的關係，只要你不斷地告訴一個人他是呆瓜，他就會相信這一點，而在不斷地告訴自己這一點以後，他也會促使自己真的相信這一點。」

這就像廣告的技巧一樣，當人們在媒體上一次又一次地聽到某一個重複的口號時，不知不覺地，大家就會把它當真。

我們總是以別人的說法來建構對自己的看法，以別人對我們的認識來建立我們對自己的認知。

為什麼？為什麼我們無法依據自身的經驗來瞭解自己呢？

因為當一個孩子被生下來的時候，他並沒有「我」的概念，他並不知道自己到底是誰，也沒有任何經驗可以「定義自己」。之後我們被取了一個名字，也開始產生「我是誰」的概念——「庭庭是個好孩子」、「珍妮一直都很膽小」、「露西做事總是沒耐心」、「凱成個性倔強，就跟他爸爸一樣，好像一個模子印出來似的」……我們不斷被從別人那裡蒐集而來的概念給了我們人格，和對自我的認識。

不管你聽到的是什麼，當我們一遍又一遍被灌輸，到後來也就根深柢固地認為：「我就是這樣的人。」

每個人都依著生命早期的經驗，為自己擬一個「生命腳本」，日後不自覺地一直在創造與這套信念吻合的經驗。

鋪陳在我們心裡的「標籤」總數相當驚人，這些標籤有很大的部分是來自你的父母、有些是來自你的師長、有些是來自你的朋友、有些則來自社會，就是很少是來自你自己的。

這就難怪我們經常會否定自己、懷疑自己，總是愛跟人家比較，總是喜歡和別人競爭、爭辯，總是神經質、沒有安全感、愛迎合別人……

我們對自己的觀點，竟是出自於別人，這不是很可笑嗎？為什麼要聽別人的呢？這些人對他們自己或許跟你對你自己一樣無知，他們很可能也是從別人那兒得到對自己的概念，像這樣連自己都不清楚的人，又怎麼能夠知道你呢？又能夠瞭解你多少？

為自己改寫生命的腳本

一旦你瞭解到這一點，首先要做的即是重新「定義自己」，也就是把第一顆鈕子扣對，在此向大家推薦艾米勒・庫埃(Emile Coue)所發明的「自我暗示肯定法」(**The affirmation method**)。

此法的原則很簡單——即是選擇一些你希望自己擁有的特點，然後一遍遍地告訴自己這是真的。於是，正如同過去你一遍遍告訴自己的「我無法做這個和那個。」使你果真做不成這個和那個一樣，告訴你自己你能做到，那麼你就能辦到。

你可以拿一本筆記本，或一張空白卡片，寫下你所肯定的任何事物。比如說，你想更聰明、更健康、更苗條、更有自信、人際關係更好……

ＯＫ，現在就開始寫下吧！

我——是個聰明又能幹的人。

我——一天比一天健康。

我——愈來愈苗條。

我——自信十足，又有魅力。

我——很有人緣，大家都喜歡我。

注意，這些語句要全都用肯定的語氣，例如「我是……」、「我有……」寫出。

「記住，不要說「我將變得很有人緣」，而要說「我很有人緣」。不說「我不再沒自信了」，而要說「我很有自信」。」

把每個句子寫出來，並在（——）處填上你的名字，每天起床（效果最佳）大聲唸上十遍，平時也可以多唸，這樣經由反覆「洗腦」，自我肯定就會愈強化，你將驚奇地發現，在各方面，果然一天比一天更好。

我們唯一要恐懼的就是恐懼本身。

釣什麼魚，用什麼餌

一個釣魚的人，雖然他喜歡吃的是冰淇淋，但是他知道魚愛吃蟲，所以他會用蟲做餌。假如釣者不去想魚需要的是什麼，他就會空手而返。

你知道什麼方法最能影響別人嗎？就是先去發覺別人需要的是什麼，然後再去滿足他的需要，如此你將無往不利。

為什麼要注意別人的需要？那多累啊！沒錯，你關心的當然是自身的需要，但除了你自己，很少人會對你的需要感興趣的。別人也跟你一樣，只在乎自己的需求。

試想，一個老師如果只知道教授「他認為」重要的東西，而不瞭解學生需要的或想要的，你想學生會對學習產生興趣嗎？如果一個業務員只知一味地推銷商品，而忽略了顧客的需要，你想他成功的機率會有多少？如果一對父母、伴侶或上司只知道要求對方，卻不瞭解孩子、配偶、員工需要的是什麼，你想這樣的關係會美好嗎？

很難，對嗎？

即使草地上開滿著鮮花，可是牛群卻只會看到牧草。因為每個人最關心的當然是「自身的需求」，即便是一頭牛也不例外，就跟你、我、任何人一樣，最在意的就是自己。

「需求」是最好的成交手段

每個資深的行銷員都深知這個道理：如果不知道客戶需求——客戶希望什麼、恐懼什麼、愛什麼、厭惡什麼，交易就無法獲得滿意的結果。

一位房地產經紀人向一對夫妻強調該住區有多少間學校，還有托兒所、幼稚園，卻發現這對夫妻並無子女，且不打算有孩子，你想，這樣的買賣會成交嗎？

一位汽車業務員向一位客戶保證他們的汽車馬力有多強、加速有多快，卻發現這位老兄心臟不好，且經常去「收驚」，你想，結果會如何？

你或許也碰過這樣的推銷員，他們往往口沫横飛地述說自己的商品有多好、特色有多棒，卻完全沒有留意到這些是否是顧客所需要的。

顧客真正關心的是，這些商品能為他們做什麼事？比方這些產品能為他們節省多少時間、可以降低多少成本、可以提高多少效率，這些才是顧客要的。你的賣點是「顧客的需求」，而不是商品。

就像一個期待父母能多關心、多陪伴他的孩子，結果父母卻用買禮物來做補償，效果當然是有限的，而且也不長久。

沙漠裡口渴的人要的是水而不是油。「他們真正的需要是什麼？」這才是答案。說一則故事——

一天，愛默生和兒子想把一頭小牛弄進穀倉。他們都犯了「只想到自己的需要」的錯誤——愛默生用力推，兒子用力拉。但是，那頭小牛也正好和他們一樣，只想到自己所要的，所以不論他們怎麼用力，牠就是堅持不肯離開牧草地。

有位愛爾蘭婦女見了，笑了一笑，她把自己的指頭放進小牛的嘴裡，一面讓牠吸吮，一面輕輕地撫推，一會兒就把牠送進了穀倉。

釣什麼魚，就用什麼餌。一個釣魚的人，雖然他喜歡吃的是冰淇淋；但是他知道魚愛吃蟲，所以他會用蟲作餌。假如釣者不去想魚需要的是什麼，他就會空手而返。

己所欲，施於人

很多人都犯了一個嚴重的錯誤，在人際交往時，總是滔滔不絕地談論三個自己最喜歡的人：我、自己、我自己，他們只關心自己所想要的一切：「我要說的是……」、「我想做的是……」、「我要推銷的是……」。

像這樣只知道表達自己的需求，又如何能瞭解對方的需求？不能瞭解對方的需求，又如何滿足需求？又如何期望別人會接受我們呢？

我們應該多聽聽別人怎麼說。不管在人際往來、兩性關係、工作職場、甚至溝通談判上，在你準備說出任何話、做出任何決定、採取任何行動之前，別忘了，先瞭解一下對方的需求。

◆對方想要的和需求的是什麼？

◆對方有什麼難處？我能幫上什麼地方？

◆怎麼做能滿足對方，並取得折衷點，使雙方都互惠？

「己所欲，施於人」(Do as you would be done by)，以自己期待別人對待我們的方式去對待別人，凡事為別人設想，幫助別人去獲得他們想要的東西，那麼你也必然能獲得自己想要的。

記住，需求才是關鍵所在，你必須知道他們想要的是什麼──知道你的伴侶、孩子、客戶、學生、老闆、公司的需求是什麼，然後再去滿足這個需求，那你就扣對釦子了。

每一個人都會有需求，而且都會為了解決或滿足需求而求助於人，一旦你能「看見需求，給予想要」，我想，你不成功也難。

現在不做，更待何時？

法國大元帥馬歇爾・利奧泰有一次叫園丁種一棵大樹，園丁不贊同，說這種樹生長太慢，一百年也長不大。元帥回答說：「如果是這樣，那就再也不能耽擱了，今天下午就種吧！」

春去秋來，這一年又過去了大半，當初你信心滿滿說過要做的事，都做了嗎？想學習的東西，都學了嗎？你在去年曾立下的心願，如今又完成了多少？你是否還在拖延？或是又在為自己找藉口了？

我們常會聽到人家說：「要是我有時間的話，我就……」、「等到我有能力的話，我就……」、「假如我有機會的話……」

• 把「我即將」的句子改成「我正在」

你是不是每次都在說「等以後……」？一直把問題拖到明天以後，然而明天將會以今天到來，你不斷重複這個習慣，「我以後會做」。就這樣，你一拖再拖，無限期地拖延下去。

俗話說：「明日復明日，明日何其多。」我們拖過了一天又一天；拖過了一年又一年，等到年紀大了，這才又說：「如果年輕一點，我就……」，或說：「要是十年前的話……」

幾天前，朋友到家裡拜訪，想跟我談談一些生活和工作方面的問題。坐定後，他開始大吐苦水，抱怨他是多麼地厭煩目前的種種，以及有多少計畫未能實現。

我不得不打斷他的話，「如果你真對未來有那麼多的期待，為什麼不快去做呢？」

他的回答就跟問題一樣「了無新意」，他說：「唉！你也知道我年紀不小了，要是十年前的話……」很耳熟對嗎？這種失敗者的標準藉口，你是否也聽膩了？或者仍繼續從你的口中說出來呢？

「難道什麼都不做，年紀就不會變老嗎？」

大家似乎都忽略了，今天永遠比明天年輕，如果你遲遲不做，只會變得更老而已，不是嗎？

而你常說：「要是十年前的話」，其實也很好笑，現在不就是十年後你所說的那個「十年前」嗎？為什麼不現在就做？

完成夢想從現在開始

我有一位朋友伯特在孩童時就一直想學鋼琴，但他沒有鋼琴，也沒練過琴。為此，他深感遺憾，他決定長大後，一定要找時間去學鋼琴，但是從我認識他的十年來，他似乎總是忙得「沒有時間」去學。

在一次朋友聚會，我和他又見面了。

我們聊了很多話題，從生活、工作到寫作……他告訴我，「等到事情穩定以後，他也想『找時間』來寫書，這是他童年的夢想。」

我說：「伯特，你錯了，如果你想寫本書，而這又是你童年以來的夢想，那你為什麼不現在就開始？」

「對，現在。」我接著說：「而且愈快愈好，開始去收集資料、文章，任何和你主題有關的想法。每天、每星期都寫一點或一段，將它們都放進盒子裡，等到盒子裡的紙都裝滿之後，再開始分類、編排、列出大綱，確認不足的部分，然後，就可以開始動筆啦！」

我笑著拍拍他的肩膀說：「到時，你會驚訝這本書儼然成形，而且你還是可以繼續你現在的事業，不是嗎？」

試想，如果約翰・米爾頓（John Milton）這位盲人作家，每天都想著，「等到我看得到的話……」他可能永遠也無法完成他的十四行詩（On His Blindness），而成為英國文學史上傑出的詩人。

史蒂芬霍金（Stephen Hawking）如果總是在說：「等到我會走路時，我就……」他恐怕就不會寫出《時間簡史》（A Brief History Of Time）。

同樣患有嚴重類風濕性關節炎的雷諾瓦，如果總是在等「哪一天我的手不痛了，我才要畫……」他就不可能留下那麼多令人讚嘆的畫作，因而成為舉世聞名的印象派大師。

成功永遠不會因等待而來臨，正如一位傑出的音樂家所說的，「如果我知道未來爵士樂的風貌，早開始演奏了，還等什麼未來！」

然而，遺憾的是，絕大多數的人，都把蘊藏在心中的樂章帶進墳墓。

我們總是在等「對的時間」、「對的地點」、「對的機會」，然而，你所謂的天時、地利、人和，又真正出現過幾次？

你說，你一有空就會去做。真的嗎？我想你可能永遠也抽不出空來。

如果你不相信，不妨問問自己：如果你現在有一個小時的空檔，你會做什麼？答案很明顯，你會利用這段時間做任何事情，就是不會去「清舊債」。

其實，每項技能和學習都需要一定的時間才能學會，等待並不能使學習的時間縮短，等待更不能使你的能力增加，不是嗎？

再也不能耽擱了

法國大元帥馬歇爾・利奧泰有一次叫園丁種一棵大樹，園丁不贊同，說這種樹生長太慢，一百年也長不大。

元帥回答說：「如果是這樣，那就再也不能耽擱了，今天下午就種吧！」

對，就是現在。

戒菸——現在就戒！減肥——現在就減！開始運動——現在開始！

放下這本書，做十個伏地挺身，當作運動計畫的開始。這就是面對問題的辦法——現在就做！

把所有你常說「我即將」的句子都改成「我正在」。

◆把我即將戒菸、戒酒改成我正在戒菸、戒酒。

◆把我即將寫一本書，改成我正在收集、整理書本的資料。

◆把我即將減肥，改成我正在力行減重計畫。

◆把我即將運動，改成我正在跑步、游泳。

要記住，甚至連一滴汗也不要浪費在拖延上面。

圍牆到底要蓋多高？

病人：大夫，我太太有貂皮大衣。我們住在豪華公寓裡。我們有別墅，乘坐一輛由司機開的賓士大轎車。

醫生：那你的問題是什麼呢？

病人：大夫，我一個月才賺五萬元啊！

動物園裡新來了一隻袋鼠，管理員將牠關在一片有一米高的圍欄的草地上。

第二天一早，管理員發現袋鼠在圍欄外的樹叢裡蹦蹦跳跳，立刻將圍欄的高度加到兩公尺高，把袋鼠關了進去。

第三天早上，管理員還是看到袋鼠在欄外，於是又將圍欄的高度加到三公尺，把袋鼠關了進去。

隔鄰獸欄的長頸鹿問袋鼠：「依你看，這圍欄到底要加到多高，才能關住你？」

袋鼠回答道：「這很難說，也許五公尺，也許十公尺，甚至加到一百公尺——如果那個管理員老是忘了把圍欄的門鎖上的話。」

要解決問題，必須找出問題的癥結。

如果你總是忘了把門關好，那麼就算把圍牆蓋得再高也是於事無補；如果你不先把漏水的地方補好，不管你再怎麼賣力地拖地，最後地還是不會乾的，不是嗎？

道理很簡單，如果你的車子常出問題，技工必須先找出原因，才能修復；如果你身體不適，醫生必須先找出病因，然後才能對症下藥。解決任何問題的原則也是一樣——必須先瞭解原因。

就拿發燒來說吧！發燒是人體受感染後，免疫系統對感染原產生的一種反應。換言之，疾病才是發燒的「原因」，發燒是生病後的「結果」。

許多人不瞭解問題的原因，以為發燒跟失火一樣，不去撲滅有可能會愈燒愈不可收拾。結果一旦發燒就急著退燒，至於發燒的病因，反而沒有人去注意。

別只解決表面的問題

先有颱風，才會有颱風警報。颱風是「因」，警報是「果」；生病是「因」，發燒是「果」，其實是一樣的道理。警報本身是對人體無害的，不是「有警報才形成颱風」，也不是「有了發燒，才造成疾病」。

這就是大多數人的問題，倒果為因，不去探究問題，卻又急切的想解決問題。

在門診中最讓人頭痛的病人之一，就是那些一到診所就一直要求打針的病患。這類患者在診療過程中往往只關心醫生是否要替他打針，或有什麼特效藥，但是對於疾病的原因反倒漠不關心，結果呢？藥愈吃愈多，病愈看愈大，也就不足為奇了。

只在乎疾病而不管病因，就好像播種而不看土壤一樣。不去瞭解並改善病人的情緒、性格及所處的環境，而用藥物或手術來治療，就好像把一棵長得不好的植物從盆子裡拉出來，用修枝鋏在根部修剪一番，然後又逕往原本的盆子插回去一樣。你想，這樣有用嗎？

許多罹患癌症的患者，雖然切除了腫瘤，做了化療，然而過了不久，癌症又轉移到其他部位，為什麼？因為他的人生態度和生活方式並沒有改變，他只是解決表面的問題，卻沒有觸及真正的病因，這即是問題所在。

先瞭解問題，再解決問題

曾看過一則故事，大意是說有一個人，在家裡熬煮蜜糖，正巧有個長輩到他家中拜訪。

這個人見到這位久未謀面的長輩，心裡就想：「我正在熬糖，應該裝一碗給他先嚐嚐。」

於是，他為了讓糖水冷卻，就用一把扇子拚命搧鍋裡的糖漿。

長輩在一旁看見了，忍不住對他說：「你為什麼不先熄掉鍋子下面的爐火，只是在鍋子上搧個不停，這樣怎麼能使糖漿冷卻下來呢？」

猛往鍋裡搧涼，倒不如釜底抽薪，可不是嗎？

西班牙哲學家Ortegar Gass有句名言，他說：「只有真正的掌握問題，才能導入問題的真正解決。」（**Only the genuine problem can lead to a genuine solution.**）

我們大部分人都急切解決問題，因而無法仔細地檢視問題，其實解決問題之道，來自於瞭解問題；任何問題的答案，都在問題之內。

你的問題到底是什麼？

有一個老年人到醫院看病，他向醫生抱怨說：「我有排泄方面的問題。」

「好！那你告訴我，你的排尿情形如何？」

「每天早上接近七點鐘左右，就會排尿。」

「很好，排便情形如何呢？」

「每天固定在早上八點鐘就會排便。」

「聽起來很好啊！」醫生不耐煩地問：「這樣有什麼問題呢？」

「但是，我每天都九點才起床。」

醫生：「你看起來怎麼臉色那麼差？」

病人：「大夫，因為我太太有貂皮大衣。我們住在豪華公寓；還買了一棟別墅和一輛賓士汽車，而且請了專屬的司機。」

醫生：「不錯啊！那你的問題是什麼？」

病人：「我每個月的收入只有五萬元啊！」

瞭解問題，答案自會出現。

記住不要把時間浪費在所見為何上，而要思索為何有所見，否則你將永遠「扣不完所有的鈕子」。

畢竟，沒有人可以處理一個自己不知道是什麼問題的問題，不是嗎？

看見需要，給予想要

Chapter 4.

打造全新的釦子

你認為自己是什麼，結果就會像什麼；
當你以新的形象看待自己，
將得到全新的人生。

通往內心深處的路是耳朵

妻子：「我跟你講什麼，你總是這耳朵進，那耳朵出，講跟不講都一樣。」

丈夫：「我跟妳講什麼，妳總是兩隻耳朵進，一張嘴巴出，講比不講更糟。」

在這個日益講究溝通的年代，人們似乎變得愈來愈難以溝通。你可以隨便去問一個人際關係不好，或是夫妻失合的人，為什麼會這樣？如果他們有想過真正的原因，通常都會得到同一個答案，就是——我們根本無法溝通。

這是真的，這世界上所有的衝突、誤解大都是因為溝通不良所造成。你說了一些話，但對方卻將它想成另一些話；或者對方說了一些事，而你卻將它當成是另外一件事。你們只關心著自己想說的話，或只聽進去自己想聽的話，這也難怪雙方的「溝」會愈挖愈深，愈挖愈「不通」。

到處普遍都有這種情形，許多婚姻諮詢顧問和離婚專業律師會告訴你，他們天天在聽委託人抱怨：「他（或她）根本沒在聽我說話！」

不少公司的老闆、職場的主管也常有過類似的煩惱，他們以為已經把自己的意思說得夠清楚了，卻發現下面的人根本沒聽到他們說了什麼。

你也有相同的困擾嗎？或者你是他們所說的那種人？

• 溝通是為了「瞭解對方」，而不是「改變對方」

傑克是夢幻西餐廳裡新來的服務生。這天晚上有兩個客人用完主菜牛排之後，傑克走過去幫他們把餐盤收走，並問他們，飲料是要咖啡還是茶。

一個人說：「我要茶。」

另一個人說：「我也是，麻煩幫我看一下裝紅茶的玻璃杯乾不乾淨。」

一會兒，傑克端來兩杯茶，問他們：「這是你們的茶，請問哪位先生要乾淨的杯子？」

你可曾注意到這種情形？當別人正對著你說話時，你是那麼地忙碌，忙著準備你要接著說什麼、忙著弄清楚對方說的是對或錯，或是你的腦子已被別的人、別的事塞滿了……所以你只能聽到片段的訊息，最後的結果也就「半調子」，就像那位服務生一樣。

這就是大家溝通不良的主要原因——根本就沒有在溝通。

「傾聽」才是溝通的第一步

許多人常會用主觀認知來揣測說話者的意思，並先入為主地下判斷，因而無法真正聽進去對方所說的話；其次，聽者也可能急於將自己的感受、經驗或意見告訴對方，以致最後常變成了雞同鴨講、各說各話。

你可以注意一下，兩個人在談論某件事情時，他們會從別人的談話裡抓幾句話，然後將自己想說的話依附在那些話上面，再繼續講。即使有時候他們也會閉上嘴巴，但並不是傾聽，而是在為「下一波」的發言在做準備。所以兩個人聊了半天，即使交往已久的朋友，卻常會有「我認識他，卻不瞭解他」的感覺。

我看過生活在一起二、三十年的伴侶，但他們似乎跟陌生人一樣不瞭解對方，有時話還沒說幾句又吵了起來。先生在說一些事，太太卻在提別的事；或者太太一直在說某件事，先生卻當作沒他的事。相處了幾十年，那個抱怨還是一樣：「他（或她）根本不瞭解我。」

有位妻子對先生抱怨說：「如果我跟你講什麼，你總是這隻耳朵進，那隻耳朵出，講跟不講都一樣。」

丈夫立刻回道：「不錯，妳說得對，不過，如果我跟妳講什麼，妳總是兩隻耳朵進，一張嘴巴出，講比不講更糟。」

溝通已經變成這麼大的一個難題，每一個人都覺得無法跟別人溝通，問題到底出在哪裡？

在於願意傾聽的人實在太少，不是嗎？我有一位病人，曾陷入沮喪憂鬱的深淵中，她想把自己的感受告訴父母。

她第一次說：「我覺得了無生趣。」可是父母毫不在意。後來她又對父母說她不想活了，但雙親仍不以為意，只回道：「別再胡思亂想了！」

她終於自殺，最後所幸救活。當父母趕到醫院才心急如焚地說：「妳好傻，為什麼這麼做？有什麼不能解決的，為什麼不早告訴我們。」

各位不難想像，聽到這話的女孩，心裡會有多難過。用心傾聽是一種愛的表現，而家庭或婚姻則是這種表現的最好場所。可惜的是，很多父母、配偶從不用心聽對方說話。

傾聽代表耐心、開放與想要瞭解對方的誠意，這些都屬成熟人格的修養。心理醫師在協助家庭或婚姻失和時，最主要的工作往往就是教他們彼此傾聽。因為光說不聽、聽了卻不瞭解，就好像把一截電線剪成兩段，然後插入插頭，還指望某個東西會發亮一樣，你想，這可能嗎？

要真正的聆聽，就必須把所有的成見、預設、判斷、信仰都擺在一邊。只要你的心處在接受的狀態，你才可能進入對方的內心世界，真正瞭解「他在說什麼？」「她的意思是什麼？」

溝通的目的是「瞭解」而非「改變」

伏爾泰曾說：「通往內心深處的路是耳朵。」早在兩千年前，希臘哲人戴奧真尼斯也說過：「上天給我們兩個耳朵、一個嘴巴的意思，就是要我們多聽少說。」

的確，一雙願意聆聽的耳朵，遠比一張愛說話的嘴巴更受歡迎。

我們都知道說話沒被對方傾聽是多麼令人挫折沮喪的事，但我們又有多少人曾真正靜下來聽聽別人的心聲？

父母抱怨孩子不聽話，孩子埋怨父母只會說教；先生指責太太意見太多；太太責怪先生不聽別人的意見；就連一些同事、同學、朋友，我們也因太忙或太懶，而忘了去傾聽他們的心事。

要知道，溝通的目的是為了「瞭解對方」，而不是「改變對方」。多數的人有種謬誤，以為溝通就是要表達自己的看法，希望對方能改變，改變成你喜歡的樣子，這顯然「扣錯了鈕子」，往往很多的衝突和誤會也由此而生。

記住，重要的不是「講」什麼，而是「聽」什麼。真正成功的溝通就是：「無我」的傾聽，靜靜地聆聽對方的想法、憤怒和失望，而不加任何否定或批判，這就對了！

別隨便給人扣上帽子

即使你只踏進一條河一次，
它也不是相同的河——因為河總在流動。
每一次你評論某人時，
那個人也許不一樣了，他早已不是原本的他。

你是否給過自己一個機會，在一天當中不做任何批判，或是不帶任何成見去看一個人或一件事？就只是接受他原本的樣子，以中性的角度來看事情。

我想這是很難的事。我們幾乎很少能單純地看一個人或一件事，因為只要一件新的事件發生，舊記憶馬上參與意見，我們所有的反應都免不了融入個人的「經驗色彩」。

去年你認識某個人，當時他看起來很好或不好，他做了一件好事或壞事，他說了一些你愛聽的話或不愛聽的話，然後你就對他產生一種特定的印象，並把這個印象留在腦海裡。當你在一年後，或今天你又再見到這個人，你就會對他抱持著先前的看法，對過去的記憶起反應，而看不到「現在的他」。

例如：你很不喜歡某位滿頭油油的上司，之後當你遇到任何滿頭油油的人，你可能就會依過去的經驗判斷，認為這個人是一位心術不正、投機取巧的人，因而對他產生反感，覺得他很討厭，並決定不給他好臉色看。

有位學生一直盼望能上一門新的課程，並跟著某位老師學習這門課。開課的第一天，這位學生聽到一位剛修過這門課的同學告訴她，「這個老師很病態！一副色瞇瞇的樣子，妳要小心一點！」

這學生立刻把這段話記在心上，並對這位尚未謀面的老師「蓋棺論定」，等下次見面的時候，因為她對他的印象已經「標定」了，所以就很難看出他實際上是怎麼樣的人。

我們所有的人際關係通常都建立在這種過去經驗所造成的印象上。如果你對我早有某種印象，我對你也是如此，那麼我們自然無法看到真正的對方，這常是人與人之間疏離、衝突和誤解的原因。

關掉心中的投影機

你可以觀察一下，當你自己覺得，或別人告訴你某個人很虛偽時，「虛偽」這個字眼就已經開始影響你的想法了，此後不論這個人做什麼，你很容易會「先入為主」的聯想到「虛偽」，不是嗎？

只要去注意一下自己或身旁的人，你就會發現，我們都是這樣——依憑著過去而對某人、某事下結論。

因為對於評斷來說，過去是必要的。我們不可能不憑藉過去的經驗就能評斷什麼是正或邪、好或壞、美或醜……

當你說，這個人是個好人。你怎麼知道他是好人？因為你看過很多人，聽過很多人說、在上課時聽過、讀書時看過、小時候父母也曾提過，你對於好人已有了成見，於是你依憑著過去的瞭解和經驗來作判斷。

就像小孩看電視，總是急著分清楚，誰是好人、誰是壞人，也常急著判斷是非善惡，問別人：「他這個人是怎麼樣？」而當你為某人貼上了標籤，有了種種既定的概念，如此一來，你將無法真正的看到他們，你只是不斷地把你的概念投射上去，即使是你所以為的真實，也只是你的投射罷了。

想想看，你是否曾有某位現在相當友好的朋友，在初次見面時卻讓你不喜歡的呢？當時，你是否做了一個極快的判斷，認為他（或她）並非你喜歡的那型？如今呢？如果你們現在已經成為好友，甚至成為伴侶，再回頭看看當時的想法，是不是覺得很可笑呢？

涉足而入，已非前水

人經常在變，就像條河流，每一天都會成一個新的樣子。可能由惡轉善，由笨變聰明。所以我們不該說：「他就是那副德行。」而要說：「他在去年的時候是那個樣子。」因為今年的他可能完全不同，不是嗎？

「希拉克里特斯如是說：「即使你只踏進一條河一次，它也不是相同的河——因為河總在流動。」」

是的，「涉足而入，已非前水」，當你每一次涉入河流，正如每一次評論某個人時，河水早已不是原本的河水，那個人也許不一樣了，他早已不是原本的他。

當你說「我認識你」時，其實你所認識的是昨天以前的他，而不是今天真正的他。你所認識的只是過去對他的印象而已。不是嗎？

政治家班傑明・富蘭克林因擔心自己太過武斷，甚至在談話中不用「絕對是」、「一定是」等肯定用語。他說：

我規定自己，不要直接反駁別人的觀點，不要對自己的主張太過肯定。我甚至不允許自己談話時使用含有確定意念的任何字或辭，譬如「絕對是」、「一定是」等等，而採用「我個人以為」、「據我所知，」或「我想」這件事情是怎樣或怎樣；或者說「目前我看起來它是如此。」

在別人武斷地提出某件我認為錯的事時，我不逞一時之快貿然地反駁他，或立即指出他主張裡的某種謬誤；我會先說在某些例子或狀況中，他的意見是對的，可是在現在這個事情上，對我來說，它們看起來，或似乎，與我的意見不同等等。

不久，我便發現自己改變態度的益處了；我所參與的談話都變得更輕鬆愉快；當我以謙虛的方式提出自己的意見時，結果大家都更容易接受，也很少遭到反駁；當我被人指出犯了錯誤時，我不再覺得太在意，且能輕易地勸服別人放棄他們的錯誤，並在我恰好是對的時候贊同我。

論斷別人總是錯的，事實上沒有人知道另一個人的靈魂中發生過或正在發生什麼事。你又憑什麼隨便給人「扣」上「帽子」呢？

溝通是為了「瞭解對方」，而不是「改變對方」。

我就知道不會有那麼好的事

許多人減肥失敗的原因，
就在於——認定自己是個「胖子」，
所以，那些失去的體重會很快地回來，
以符合心目中的「自我形象」。

你認為自己是什麼，結果就會像什麼。

我們現在的樣子，多半是來自「我們認為自己是什麼」所形成的。簡單的說，也就是我們對自己的看法形成了現在的我。

如果你認為自己很優秀、很有才能，你就常會有傑出卓越的表現；如果你認為自己一無是處，那麼，你的表現自然也會平庸碌碌、乏善可陳。我們向外所呈現的，正是我們內在的自我感受，一個人若是把自己看成是失敗者，他就不可能有成功者的作為。

例如，面對同樣的一個困難，失敗者的態度常是：「唉呀！我就是這麼倒楣，所有的壞事都讓我碰上了！」因而表現出消極、悲觀或放棄；反之，成功者的態度則是：「這真傷腦筋，不過，一定有辦法可以解決的。」

前者的結果，再一次驗證了失敗者對自己的看法，而後者的結果，更增強了成功者對自己的信心；於是，我們的自我形象(self-image)，就在這當中不斷地循環而漸漸形成。

停止複製自我形象

教育學家普里斯考特・列奇(Prescott Lecky)是第一個以增強自我形象來提升個人成就的人。他在《自我一致性人格理論》(Self Consistency: A Theory of

Personality）一書中即強調：人們無法成功是因為失敗的自我形象，並非因為能力不足。

有位先生剛獲得公司昇級，他感到非常焦慮、害怕。「我怕自己無法勝任新的挑戰與責任！」、「我怕沒有做好會被炒魷魚！」他不斷地告訴自己。一開始就覺得自己完了，他根本不認為自己適合這個職務。

於是便在不知不覺中開始自毀行為：先是在開會時答非所問頻出狀況，接著又把一件重要的計畫給搞砸，後來老闆交代的事又沒辦好，員工的抱怨此起彼落。果然，他被炒魷魚了。

「我就知道不會有那麼好的事。」他對自己說。

套句羅伯特・舒勒的話：「人們總是會在行為中複製自己的自我形象。」每個人都有一個心理影像、一個自我的藍圖，我們的言行舉止往往和自己內心所抓住的那個影像一樣。

的確，一個人無法以與自我形象不符的方式行事；也無法接受不符合自我形象的自己。

許多希望快速減肥的人，最後往往效果不彰，其中很重要的因素，即是體重降得太快了，即使身上的贅肉不見了，但他「心目中的自己」仍舊未變，在他的意識中，他依然是個「胖子」，所以假以時日，那些失去的體重都會連本帶利的回來，以符合心目中的「自我形象」。

有多少人站在鏡前，老是怨嘆：「我太醜、我太胖、我腿太短、我不吸引人……」這些抱怨其實都是把注意放在負面形象上。等於是為自己塑造了一個不吸引人的形象，所以呈現在外的自然也就沒有任何吸引力了。

你就是你認為的你

也許有人會說：「我很醜，所以才沒有吸引力。」這雖然合理但卻不是事實。事實上，大家可能都見過，有些人長得雖不錯，但卻很沒人緣；也有的人長得並不怎麼樣，卻讓人感覺如沐春風，充滿魅力。

「我很醜」、「我很胖」、「我很笨」……這些信念都是可以改變的，除非你不願放棄這種「自我形象」。正如哈茲里特（**William Hlazlitt**）所說的：「低估自己的人也會被別人低估。」要記住，一個人對自己外表的反應，遠比真正的長相還重要得多。

有一位服裝模特兒，她不但外貌出眾，也有相當的知名度。然而她卻對自己沒有自信，與人交談時也顯得有點不自在，只因為他的額頭上有道非常小的疤痕。她深怕臉上的疤，會給人負面的形象，因此，不由自主地就會去注意那個小瑕疵。

試想，如果一個人費盡心力只為了掩飾缺點，難免容易犯下欲蓋彌彰的大忌，就算真的讓你遮掩住了，充其量也只能做到「不醜」而已，這樣的人又怎麼會有吸引力？為什麼不去專注自己美的部分，並把它展現出來呢？

蘇俄小說家兼劇作家安東・柴可夫說：「人是自己認為的樣子。」在你日常行為當中，你怎麼「看」你自己，你怎麼「想」你自己，即是你所呈現出來的樣子。

「你就是你認為的你。」（You are what you think you are.）

外表是內心的投射。你的自我形象，決定了你之所以為你；也決定了，你認為自己是什麼、你會做什麼、以及你能變成什麼。

因此，假如你不喜歡現在的自己，就趕快改變吧！改變成新的想法、新的態度、新的行為，當你以新的形象來看待自己，你將得到全新的人生。

這就是你要的嗎？

如果將工作視為義務，人生就成了地獄；
如果將工作視為樂趣，人生就成了天堂。
一個人除非做自己喜歡的事，否則很難有成就，更難獲得快樂。

多數人在一生當中，工作就佔了將近十萬個小時，這大約是我們成年生命中醒著的一半時間。想想我們投資這麼多的時間在工作上，日復一日，年復一年；而令人難過的是，這樣的投資在個人滿足感上所得到的回報，卻是少得可憐。

你也有相同的感受嗎？總以為只要工作有成，多賺點錢就能帶來快樂，然而事實上卻依然悶悶不樂？以為生活應該無憂無慮，因為一切都穩定了，卻仍覺得悵然若失？

大部分人工作時，都不快樂，因為大家在選擇職業時往往都是以賺錢、爭取高職位或昇遷為目的，完全置自己的興趣於不顧，這即是扣錯了第一顆釦子。所以，我們很少聽說工作是幸福的事，你可以去聽聽日常生活中接觸到的銀行員、餐廳女侍、業務員……他們大多只會抱怨工作繁重枯燥、錢又少……

聽他們說話，不免會產生一種錯覺：如果這些人薪水能高一點的話，或許工作會愉快得多——這顯然又扣錯了釦子。應該是：除非我們先喜歡上自己的工作，否則很難快樂，也不容易賺更多的錢。道理很簡單，喜歡做的事，才能做得好，做得好的事，才能夠賺到錢。就算是沒有得到預期的收入，但至少整個過程是快樂的，不是嗎？

套句華德・迪士尼的話：「一個人除非做自己喜歡的事，否則很難有所成就。」如果你認為工作的目的只是為了薪水袋，只是為了換取生活費，那你這輩子恐怕就很難有所作為了！

你真的心甘情願只為了在剩餘的時間裡有錢可花，而犧牲了人生百分之六十的時間嗎？難道你不想在工作上取得金錢以外的東西嗎？

我認為人生最重要的事，便是及早認清自己要的是什麼。金錢和快樂一樣，只是副產品。只要一個人能找到付出的意義，那麼賺到的就不只是錢而已，還包括了快樂的人生。

比方一個推銷員，當他銷售商品的動機是為了錢，賣出了多少就得到多少快樂，那麼我想他的快樂是很「有限」的，而且經常會患得患失。

反之，如果他不以利潤為導向，而是希望大家因他的商品而改善生活，獲得更多的好處。這麼一來，不僅能找到工作的意義，財富自然也會隨之而來。

做樂在其中的事

人是追求意義的動物，我們做每件事都需要充分理由，先想想它對我們有什麼意義。一旦你找到這個意義，找到一個值得付出的目標，你將獲得無上的喜樂。

就拿我喜愛的寫作來說吧！雖然整個過程是苦的，常常還得熬夜，但到最後，一本書誕生了——藉由工作的完成，可以幫助別人，又可以提升自己，這種滿足和意義僅寥寥幾種工作可以相比擬。套句法國作家紀德的話，「幸福的祕訣並非努力於追求快樂，而是從努力中發現快樂。」我很幸運，能在非常年輕的時候便知道自己要的是什麼。

記得高爾夫球名將老虎伍茲（Tiger Woods）說過這麼一句話，「重要的是，每天早晨當我醒來時，我去做的是真正樂在其中的事情。世上有多少人能夠如此？」

我覺得年輕人不要一開始就在意自己要賺多少錢，而應該問自己有什麼興趣？快樂嗎？對人生有什麼意義？

事實上，我們每天可能花費更多的時間在工作上，而非在我們聲稱最親密的家人身上。如果從工作中你只得到厭倦、緊張與失望，你想這樣的人生將會多痛苦？令自己厭倦的工作即使帶來了「名」與「利」，這種光彩又是何等的虛浮？

打造全新的釦子

多數人成功之後，常感到空虛，即是源於迷失了自我——你「想」的，並非你「要」的。因此，當你賺到別人眼中的「成功」，自己的內心卻感到非常「失敗」。

我常看到許多人，長久忍受著窒悶的生活，卻不懂得坐下來想想自己到底要的是什麼？如果你所追求的夢想使你鬱鬱寡歡，那麼你所追求的就是錯的。

曾聽過這麼一句話，「人生最大的悲哀，即是不曾擁有值得追求的夢想。」其實這句話應該改成，「人生最大的悲哀，即是在美夢成真之時，卻無法感受到那份喜悅。」

當你拚命地爬上成功的階梯，直到頂端時，才發現梯子靠錯了邊，這難道不悲哀嗎？

我想，每個人在追求成功的路上，都需要經常停下腳步，回頭檢視一下自己：你喜歡你的工作嗎？如果是，為什麼？若不，又是為什麼？每天這麼付出值得嗎？

隨時反問自己，「這是不是我真正要的？」「這就是我要過的日子嗎？」只要這麼一問，心中的答案自然會導引你該怎麼做。

去做你喜歡做的事吧！試想，還有什麼比得上「被快樂擁抱的幸福」更能定義「成功」二字呢？

錯失樂趣即錯失所有。

你是怎麼開始你的每一天？

清晨醒來時，躺在床上想一想所有你能想到的好事情。
然後，再起身迎接這充滿美好的人、美好的事、美好的機會。
只要照這麼做，喜樂自然流向你。

每天早上你是怎麼起床的？是帶著快樂的心情起床？還是痛苦沮喪地面對一天的開始？

大多數人每天早晨一睜開眼，就忙著洗臉、化粧、刮鬍子、吃早餐，為這一天做準備，但似乎很少人會問，這一天將會帶給你什麼呢？

帶給你什麼？沒錯，或許我應該這麼說，這一天你準備帶給自己什麼？是美好的一天？或痛苦的一天？生活中許多問題也許我們無從置喙，但是，生活的品質絕對是我們能自己掌握的。

相信你一定有過類似的經驗，早晨起床時碰到不愉快的事，或身體不舒服時，當天就會提不起勁、凡事都不順心。相反的，如果在一天的開頭，你心情愉快，你會發現凡事得心應手，整天都顯得有朝氣而且有希望。

你對生活的態度，可以從你「如何面對清晨」這件事上看出來。怎麼面對清晨——一天的開始，就怎麼過這一天。

讓喜樂流向自己

你是否也注意到，如果一天開始有什麼不對勁，接下來一連串的問題就會接踵而至。你的情緒會影響你的態度，你的態度又影響你的行為，當你帶著慍色和不悅的舉止面對他人時，碰到的人也會因你的態度回報給你。

這時你便會覺得諸事不順，你的負面想法和行為會讓你得到負面的結果，因此你開始挫折、沮喪、抱怨、憤恨，你說：「今天真是倒楣的一天！」反之，如果你一早起來，就讓自己有個美好的開始，那麼這一天也將是美好的一天。

每天清晨帶著好心情醒來，是擁有美好一天的重要技巧。梭羅（Henry Thoreau）這位著名的作家兼哲學家，總是在清晨醒來時，躺在床上想一想所有他能想到的好事情。然後，再起身迎接這個充滿美好事物、美好的人、美好的機會的一天。

企業鉅子丹佛（William H. Danforth）也說過：「每天早晨，把自己的士氣提到最高點，抬頭挺胸；想一些令人振奮的事情，然後走出家門。只要照這樣做，喜樂自然會流向你。」

美國作家胡伯德（Elbert Hubbard）說得更明確：「只要到早上十點以前你都開開心心，其他時間就自然好過了。」當我們以愉快的心情、積極的態度展開一天時，即使你是強迫自己這麼做，還是能以同樣的心情繼續過完這一天。

你呢？你是怎麼開始你的每一天的？

為自己灌入能量

有部曾獲得坎城影展的電影，片名叫做《All that Jazz》。

在電影中，男主角喬·吉德恩每天早晨都要一面聽著韋瓦第的音樂，一面淋浴，然後點一滴眼藥水，再對鏡子說：「**It's show time folks**」，於是他的一天就這樣展開了。

在片中這個鏡頭反覆出現了好幾次，喬·吉德恩總是一面聽音樂，一面對著鏡子說出這句話，藉以鼓勵自己。

這就像我們在開車之前，都會先熱車一樣，首先必須打起精神，充滿朝氣，這樣才能自信十足地面對競爭、繁忙的世界。

所以，早晨醒來，在張開眼睛之前，先不要急著下床，你可以學貓一樣伸懶腰，緩慢地伸展你的身體，躺在床上打個呵欠，轉轉腳尖，做個兩、三分鐘，如果你喜歡，五分鐘也可以，然後用相同的時間，開始笑，把自己融入笑裡面，放聲大笑。但是不要張開眼睛，閉上眼睛去感覺能量在身體流動。此時，你整個人是清醒的，全身都充滿著活力，充滿著新的能量。

下床後要做的第一件事，就是選定一些能讓自己愉快的事。比方，酷愛咖啡的人，不妨買一台咖啡自動沖泡機，預先設定好時間，隔天一覺醒來，機器已自動為你沖泡出又熱又香的咖啡，聞到咖啡香自然會快樂起來。

你也可以仿效《**All that Jazz**》一劇中的男主角，選定一些能帶給你愉悅、活力的曲子，讓自己變得積極振奮。

我個人建議的曲目有：西貝流士的《芬蘭頌》、李斯特的《匈牙利狂想曲》第二樂章、羅西尼的《威廉・泰爾》序曲及雷史碧基(**Respighi**)的《羅馬狂歡節》等樂曲。

若偏好鋼琴曲，蕭邦的《波蘭舞曲》和《馬厝卡舞曲》都是不錯的選擇。這些曲子都充滿著熱情，節奏輕快悅耳，在一早起來傾聽，絕對是最佳的「起床號」。

當然，如果你偏好流行音樂，而不喜歡古典音樂，那就以聽了之後，能夠讓你身心暢快的音樂為主。

你也可以挑一些勵志的文章、激勵的話語，或是想一些令自己歡欣的事，在經過一整晚的休息之後，頭腦是清新的、身體是新鮮的，具有非常好的接受性，不論你給予什麼進入腦子，它就會立下整天的趨勢，影響整天的心情。

最後，讓我再強調一次，你怎麼面對清晨，就怎麼過這一天。一個扣錯了第一顆鈕子的人，就扣不完所有的鈕子。

請沿虛線剪下裝訂寄回，謝謝！

【生活勵志系列】讀者回函卡

爲提升服務品質，煩請您填寫下列資料：

1.您購買的書名：別扣錯第一顆釦子

2.您的姓名：＿＿＿＿ 您的年齡：＿＿ 歲 您的性別：☐男 ☐女

3.您的E-mail：＿＿＿＿

4.您的地址：＿＿＿＿

5.您的學歷：
☐國中及以下 ☐高中 ☐專科學院 ☐大學 ☐研究所及以上

6.您的職業：
☐製造業 ☐銷售業 ☐金融業 ☐資訊業 ☐學生 ☐大衆傳播
☐自由業 ☐服務業 ☐軍警 ☐公務員 ☐教職 ☐其他

7.您從何得知本書消息：
☐書店 ☐報紙廣告 ☐雜誌廣告 ☐廣告DM ☐廣播
☐電視 ☐親友、老師推薦 ☐其他

8.您對本書的評價：（請填代號1.非常滿意2.滿意3.偏低4.再改進）
書名＿＿ 封面設計＿＿ 版面編排＿＿ 內容＿＿ 文／譯筆＿＿
價格＿＿

9.讀完本書後您覺得：
☐很有收穫 ☐有收穫 ☐收穫不多 ☐沒收穫

10.您會推薦本書給朋友嗎？
☐會 ☐不會，為什麼＿＿＿＿

11.你對編者的建議？

＿＿＿＿

請沿虛線剪下裝訂寄回，謝謝！

廣告回郵
北區郵政管理局登記證
北台字12548號
免貼郵票

高寶國際有限公司

地址：台北市114內湖區新明路174巷15號10樓
電話：（02）2791-1197
網址：www.sitak.com.tw

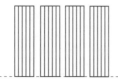

書名：別扣錯第一顆釦子

高寶國際集團 品質保證